Viver
o dom
da vida

Viver o dom da vida

O processo de integração humano-espiritual

João Renato Eidt

Edições Loyola

Dados Internacionais de Catalogação na Publicação (CIP)
(Câmara Brasileira do Livro, SP, Brasil)

Eidt, João Renato
  Viver o dom da vida : o processo de integração humano-espiritual /
João Renato Eidt. -- São Paulo : Edições Loyola, 2024. -- (Espiritualidade
cristã)

  Bibliografia.
  ISBN 978-65-5504-362-4

  1. Criação - Doutrina bíblica 2. Cristianismo 3. Espiritualidade
4. Jesus Cristo - Ensinamentos I. Título. II. Série.

24-206369   CDD-241.5

Índices para catálogo sistemático:
1. Jesus Cristo : Ensinamentos : Vida cristã   241.5
Eliane de Freitas Leite - Bibliotecária - CRB 8/8415

Preparação: Paulo Fonseca
Capa: Ronaldo Hideo Inoue
Composição sobre a imagem de © CMRP.
© Adobe Stock.
Diagramação: Desígnios editoriais

Edições Loyola Jesuítas
Rua 1822 nº 341 – Ipiranga
04216-000 São Paulo, SP
T 55 11 3385 8500/8501, 2063 4275
editorial@loyola.com.br
vendas@loyola.com.br
www.loyola.com.br

Todos os direitos reservados. Nenhuma parte desta obra pode ser reproduzida ou transmitida por qualquer forma e/ou quaisquer meios (eletrônico ou mecânico, incluindo fotocópia e gravação) ou arquivada em qualquer sistema ou banco de dados sem permissão escrita da Editora.

ISBN 978-65-5504-362-4

© EDIÇÕES LOYOLA, São Paulo, Brasil, 2024

"À luz da psicologia da missão e do empenho pessoal, o ser humano não possui somente uma vocação individual. Ele é também um ser social e cósmico. Ele existe no mundo para realizar-se e transformá-lo criativamente. Possui, então, uma missão terrena segundo as qualidades pessoais recebidas do Criador."

BENITO GOYA

SUMÁRIO

INTRODUÇÃO 9

1. O SER HUMANO É PARTE DA CRIAÇÃO 19

2. PONTO DE PARTIDA: A FAMÍLIA 55

3. O SER HUMANO NÃO É PERFEITO 95

4. ACOMPANHAMENTO HUMANO-ESPIRITUAL 127

5. CRIADOS PARA UMA VIDA LIVRE
E PLENA DE SENTIDO 155

6. TEMPO DE SILÊNCIO E DE ORAÇÃO 183

7. JESUS CRISTO, A LUZ DO MUNDO 213

8. CONFIGURAÇÃO COM CRISTO 253

9. VIDA NOVA EM CRISTO 285

CONCLUSÃO 311

REFERÊNCIAS BIBLIOGRÁFICAS 317

INTRODUÇÃO

Muitos seguem seu caminho como se existir fosse algo natural; não estão "despertos", não chegam a sentir a gratidão de ser dos viventes. Esquecem sua relação original, a paternidade essencial: é a primeira fragmentação do ser cortado de sua fonte[1].

O ser humano faz parte da Criação. A sua existência foi pensada com amor e carinho pelo Criador. Assim como os pais planejam e se preparam para acolherem com amor e carinho um filho ou uma filha, assim Deus preparou com cuidado e afeto o Jardim do Éden[2], lugar para o ser humano viver em harmonia e comunhão com o Criador e toda a Criação. E assim Adão e Eva viviam em harmonia, em paz, em plenitude até o momento em que, "comendo" do fruto proibido, romperam a aliança com o Criador. Eles eram os guardiões do jardim e

---

1. PACOT, Simone, *Volte à Vida! A Evangelização das Profundezas*, v. II, Aparecida, Santuário, 2007, 18.
2. Em Gênesis 2,15 lemos que Deus colocou o ser humano no Jardim do Éden. Em Gênesis 3,7 Deus está passeando pelo jardim e encontra Adão e Eva escondidos, pois haviam comido do fruto proibido, haviam quebrado a aliança com o Criador.

deixaram se infiltrar a serpente, que desejava distrai-los e desviá-los da missão recebida de Deus. A partir dessa queda, ou desvio da vocação original, o ser humano sente a necessidade de voltar à sua origem, à sua fonte de vida, o Deus criador. Faz parte da vocação humana a nostalgia e o desejo de voltar ao Jardim do Éden para viver em comunhão com o seu Criador e com toda a Criação.

A proposta deste livro é discorrer sobre o desenvolvimento humano, sua integração humano-espiritual e sua capacidade de se relacionar com Deus, com os outros, com a Criação e consigo mesmo. Pretende oferecer meios que ajudem a quem alimenta a fé em Jesus Cristo a responder melhor ao plano de Deus revelado por excelência por Jesus Cristo, e assim viver a vida plena de sentido. Espero que seja também instrumento que ajude o leitor e a leitora a crescerem na liberdade interior, liberdade que lhes permita escolher aquilo que mais leva à comunhão com a Fonte da Vida, o Deus Criador. Os temas do livro são apresentados de forma que o leitor possa aprofundar a sua relação com Deus e o seguimento ou colaboração com a missão de Jesus Cristo. Para quem conhece e já fez os *Exercícios espirituais* de Santo Inácio de Loyola[3], a leitura do presente

---

3. Fundador da Companhia de Jesus – os jesuítas –, Santo Inácio de Loyola faz uma profunda experiência do amor misericordioso

INTRODUÇÃO

livro pode ajudar a aprofundar mais a sua relação com o Deus da vida e com toda a Criação. As ferramentas usadas e sugeridas ao longo do livro são o *acompanhamento espiritual* e o *aconselhamento pastoral*[4] como meios para ajudar a pessoa na jornada de integração de sua vida e de sua volta à Fonte da Vida – o Deus Pai Criador. No final de cada capítulo encontramos algumas passagens bíblicas e sugestões ou técnicas que podem ajudar na oração e na reflexão pessoal, bem como no processo do autoconhecimento, que é essencial na dinâmica da integração humano-espiritual.

O Aconselhamento Pastoral trabalha mais os aspectos psicológicos na vida da pessoa, mas considera também com muito respeito a sua caminhada de fé. O acompanhamento espiritual, por sua vez, trabalha mais a dimensão espiritual, ou seja, a relação da pessoa com Deus. Tanto a direção espiritual como o aconselhamento pastoral visam à libertação do ser humano de tudo aquilo que o impede de viver mais plenamente o

---

de Deus por meio de orações, jejuns, penitências e escuta interior para a vontade de Deus em sua vida. Dessa jornada espiritual ele criou os *Exercícios espirituais*.
4. *Pastoral counseling* ou *aconselhamento pastoral* é um recurso poderoso para ajudar no processo da integração humano-espiritual, dado que, além de fazer uso de técnicas terapêuticas, o aconselhamento pastoral também ajuda a pessoa a aprofundar a sua caminhada de fé.

dom da vida, a liberdade, a alegria, a simplicidade, o amor, a misericórdia, enfim, a harmonia e a comunhão com o Autor da vida que ilumina a sua existência. Ambos ajudam a pessoa a integrar sua vida de uma forma tal que consiga acolher e se alegrar com a luz divina que fez morada no meio de nós (Jo 1,1-11). Além de ajudá-la a se libertar das trevas, da dimensão negativa de sua vida, ajuda-a no caminho de volta à verdadeira vocação de ser filho ou filha da luz, de sentir-se parte da Criação e de cuidar da nossa "Casa Comum"[5].

Ser consciente de que a vida é um dom leva o ser humano também à consciência de que ela lhe é dada e que ele não é criador de si mesmo. Isto significa que é convidado a viver e a desenvolver bem esse dom recebido gratuitamente. De acordo com a fé cristã, o ser humano faz parte da Criação de Deus. Portanto, a pessoa é criada e não existe por um acaso. Ela é fruto do amor de Deus, que cria, que se dá a conhecer e que se partilha com a sua Criação. A finalidade do ser humano é viver na presença de Deus e em comunhão com os demais. Eis o sentido e a razão de sua vida. Em Mateus 10,18 encontramos uma bela afirmação de Jesus dirigindo-se a seus discípulos e hoje a nós: "De graça

---

5. "Casa Comum" é expressão usada pelo papa Francisco na sua encíclica *Laudato Si'*.

INTRODUÇÃO

recebestes, de graça deveis dar". Simone Pacot define muito bem a vocação do ser humano quando diz: "Você foi criado, você não é Deus, somente Deus é Deus. Você é filho de Deus. Foi criado e amado dentro dos limites próprios a todo ser humano, a tudo aquilo que tomou forma; aceite a condição de criatura em todas as suas dimensões. Não cobice a divindade"[6].

O livro é composto por nove capítulos. O primeiro capítulo está inspirado na Carta encíclica *Laudato Si'* do papa Francisco. Além da reflexão sobre a Criação, sobre a condição de criatura do ser humano, refletiremos também sobre a ecologia integral, sobre o cuidado da Casa Comum, sobre a qualidade da vida humana e a degradação social. O cuidado da Casa Comum desafia o ser humano a tomar consciência de que tudo está interligado, que o planeta Terra não pode ser visto e explorado como se fosse uma máquina ou uma fonte de recursos naturais inesgotáveis e que a exploração desequilibrada da "Mãe Terra" é um erro grave que deve ser corrigido urgentemente. A exploração exagerada mata e destrói a "Casa Comum". Trata se da ação humana que não está em harmonia com a vontade do Criador.

No segundo capítulo olharemos para a família enquanto ponto de partida da vida e da história da pessoa,

---

6. PACOT, Simone, op. cit., 20.

com suas marcas positivas e negativas. A experiência que a criança faz na família define a sua personalidade. É na família que ela adquire a confiança básica e um modo de ser saudável e positivo na vida. Mas é também na família que ela aprende a não confiar nos outros e é marcada com traumas, medos, tensões e frustrações. Portanto, a evangelização do coração da família é essencial para uma vida saudável e harmoniosa no interior dela mesma.

No terceiro capítulo refletimos sobre a importância de a pessoa reconhecer que não é perfeita e que, por isso, é necessário aprender com os limites e fracassos. O reconhecimento da não perfeição supõe a capacidade de pedir ajuda, de pedir perdão e de ser humilde, não autossuficiente. Esperamos que a leitura do presente livro ajude quem o leia a integrar melhor sua vida, a libertar-se das sombras que o impedem de viver com alegria e leveza. Para isso o acompanhamento espiritual e o aconselhamento pastoral se tornam meios úteis que ajudam a deixar que Jesus Cristo, a Luz do Mundo, possa iluminar a vida de cada um.

Por isso, no quarto capítulo apresentamos algumas definições e exemplos de *acompanhamento espiritual* e de *aconselhamento pastoral*. Ambos são recursos ou ferramentas importantes para ajudar e caminhar com quem quer voltar à fonte da vida, o Deus Criador. Há um projeto ou um sonho de vida pensado e planejado pelo

INTRODUÇÃO

Criador para todas as criaturas, sendo o ser humano parte delas. Cabe a ele encontrar seu justo lugar na Criação. Na primeira parte desenvolvemos mais a dimensão humana, a importância de integrar bem a vida e, ao mesmo tempo, garantir o cuidado de toda a Criação. Na segunda, o enfoque está voltado para Jesus Cristo, o Caminho, a Verdade e a Vida. Ele é a luz do mundo, a fonte da nossa vida, que somos chamados a acolher em nosso modo de ser e proceder. Veremos que a configuração com ele renova a nossa vida.

Em Jesus Cristo encontramos a liberdade e o sentido para a vida, o tema do quinto capítulo. Sabemos que na vida de tantas pessoas a liberdade é apenas condicionada. Fatores externos e traumas internos são verdadeiros obstáculos na vida de muitos e não permitem que vivam com alegria, leveza e liberdade. O seu coração profundo[7] está condicionado, ferido e bloqueado.

---

7. PACOT, Simone, *A Evangelização das Profundezas nas dimensões psicológica e espiritual*, Aparecida, Santuário, 2012, 15-16. Segundo a autora, o ser humano é constituído pelo espírito (coração profundo), pela alma (psique) e pelo corpo. Essas três dimensões devem estar integradas na vida da pessoa. Para ela, o coração profundo é o centro do nosso ser, o nosso cerne mais íntimo, o coração do coração, que não consiste no sentimento, mas no lugar de encontro com Deus. Essa definição descreve muito bem a compreensão que nos acompanha neste livro e por isso fazemos muita referência a ela.

Parece que as sombras predominam sobre o lugar da luz divina. O acompanhamento espiritual e o aconselhamento pastoral podem ajudá-los a se libertarem das sombras e a abrirem o coração à luz divina, para que o Deus da vida habite neles.

Uma prática que ajuda o ser humano a não se desconectar da fonte da vida é o tempo de silêncio. No sexto capítulo veremos a importância do tempo de silêncio, da vida de oração. Numa sociedade que sustenta e alimenta um ritmo de vida extremamente agitado, o tempo de silêncio se torna absolutamente necessário para não perder o foco da vida. Destaco a importância de começar o dia com esse tempo precioso de silêncio, tempo que a pessoa reserva para si, para escutar o que Deus quer falar e para não deixar que o bombardeio de propostas incontáveis pelas mídias sociais a mantenham dispersa e perdida na vida.

O tempo de silêncio volta o coração para Jesus Cristo, a Luz do Mundo. Por isso, o tema do sétimo capítulo é Jesus, o enviado do Pai, que veio brilhar onde as trevas dominavam e iluminar o que não é capaz de ver. A direção espiritual e o aconselhamento pastoral podem ajudar as pessoas a encontrarem a luz desde o coração profundo, ou seja, desde o mais íntimo do seu ser, onde Deus habita. O Filho de Deus veio também para iluminar o ser humano, a fim de que encontre uma relação justa com toda a Criação, obra do Criador.

INTRODUÇÃO

No oitavo capítulo propomos aos cristãos a configuração com Cristo enquanto caminho que leva à plenitude da vida. A ideia dessa configuração se inspira em São Paulo quando disse: "Fui crucificado com Cristo. Assim, já não sou eu quem vive; é Cristo que vive em mim" (Gl 2,20). A configuração com Cristo se dá na medida em que o jeito de ser e agir da pessoa se inspira no modo de ser e agir de Jesus Cristo.

E no capítulo nono discorremos sobre a nova vida que a pessoa experimenta com a gradativa configuração com o seu Mestre Jesus Cristo. E essa transformação, ou conversão, se expressa através do amor a Deus, ao próximo e a si mesmo, bem como com o cuidado da "Casa Comum".

Este livro é fruto da minha própria jornada humano-espiritual, do privilégio de poder acompanhar muitas pessoas, tanto no acompanhamento espiritual quanto no aconselhamento pastoral, e das muitas leituras que fiz sobre o tema. Alguns autores me ajudaram a compreender melhor o processo de integração humano-espiritual que começa na família. Entre tantos autores que me inspiraram, destaco a *Teoria do favoritismo familiar e a rivalidade entre irmãos*, de Vera Rabie-Azoory; a *Evangelização das profundezas*, de Simone Pacot; *As chaves do inconsciente*, de Renate Jost de Moraes; o *Em busca de sentido*, de Viktor Frankl e a Carta encíclica

Laudato Si' do papa Francisco. Na lista das referências bibliográficas, no final do livro, aparecem outros autores que refletem sobre o tema aqui desenvolvido. Espero que os leitores encontrem nesta leitura luz para viverem melhor e terem uma vida mais livre e integrada e que consigam aprofundar sua relação com o Deus da vida, o Deus amoroso e compassivo anunciado e testemunhado por Jesus Cristo.

À luz da psicologia da missão e do empenho pessoal, o ser humano não possui somente uma vocação individual. Ele é também um ser social e cósmico. Ele existe no mundo para realizar-se e transformá-lo criativamente. Possui, então, uma missão terrena segundo as qualidades pessoais recebidas do Criador[8].

---

8. GOYA, Benito, *Vida espiritual entre psicologia e graça*, São Paulo, Loyola, 2009, 309.

1

O SER HUMANO É PARTE DA CRIAÇÃO

Tudo está interligado como se fôssemos um.
Tudo está interligado nesta casa comum.
O cuidado com as flores do jardim,
com as matas, os rios e mananciais.
O cuidado com ar e os biomas,
com a terra e com os animais.
O cuidado com o ser em gestação,
com as crianças um amor especial.
O cuidado com doentes e idosos,
pelos pobres, opção preferencial[1].

Os sinais dos tempos nos levam a olhar para o planeta Terra com preocupação, com responsabilidade, e inclusive nos pedem atitudes em favor do cuidado e da preservação da Mãe Terra. A pessoa integrada e livre da escravidão dos vícios, das forças negativas e de destruição, e iluminada por Cristo – luz do mundo –, contempla toda a Criação como parte de si mesma e dos outros e percebe a importância da não destruição dessa bela obra divina, que o papa Francisco chama de "Casa Comum".

---

1. KUHN, Cirineu, música *Tudo está interligado*.

No "poema da Criação", no início do livro do Gênesis, ao final do sexto dia da Criação, Deus acabou a sua obra e "viu que tudo era muito bom" (Gn 1,31). Esta Criação "funciona" de forma harmoniosa e interligada. A missão do ser humano não é a de destruí-la, mas de zelar para que todos os seres vivos que o formam possam viver em harmonia entre si e em comunhão com o Criador. Destruir a natureza, a obra de Deus, significa também a destruição da humanidade. Neste capítulo apresentaremos algumas reflexões que nos ajudam a despertar para a urgência e necessidade de melhorar a nossa relação com o planeta Terra e assim reverter o processo das contínuas agressões e destruições que sofre e que impedem a sua renovação.

Princípio e Fundamento

Ao iniciar a experiência dos *Exercícios espirituais* (EE), na meditação sobre o "Princípio e Fundamento" (EE, n. 23), o exercitante é convidado a contemplar a Criação de Deus. Diz o texto do "Princípio e Fundamento":

> O ser humano é criado para louvar, reverenciar e servir a Deus nosso Senhor e, assim, salvar-se. As outras coisas sobre a face da terra são

O SER HUMANO É PARTE DA CRIAÇÃO

criadas para o ser humano e para o ajudarem a atingir o fim para o qual é criado. Daí se segue que ele deve usar das coisas tanto quanto o ajudam para atingir o seu fim, e deve privar-se delas tanto quanto o impedem (EE, n. 23, 2-4).

O exercitante é convidado a entrar em uma atitude de admiração e gratidão ao reconhecer a beleza, os detalhes, a grandeza, a harmonia e a manifestação da vida abundante que a obra divina revela. Poderá exclamar então como o salmista: "Ó Senhor, quão variadas são as vossas obras! Feitas, todas, com sabedoria, a terra está cheia das coisas que criastes" (Sl 104,24).

A pedagogia dos EE leva a pessoa a contemplar a presença amorosa de Deus em toda a Criação. Contemplando-a, o exercitante sente-se parte da obra divina e reconhece que há uma finalidade nela e que por meio dela e nela é chamado a louvar, reverenciar e servir a Deus nosso Senhor e assim ser salvo em Cristo. O tríptico "louvar, reverenciar e servir a Deus nosso Senhor" pode ser compreendido a partir da Criação, através da qual Deus se revela, se dá a conhecer e partilha a sua essência de amor e bondade com as criaturas.

Neste sentido, o cuidado da "Casa Comum" não significa apenas não destruir a natureza, mas significa, em primeiro lugar, zelar pela múltipla manifestação da

Vida que encontramos nela. Louvar, reverenciar e servir a Deus nosso Senhor significa maravilhar-se com a obra de arte divina – a Criação – e zelar para que todo ser vivo, com atenção especial ao ser humano, possa viver dignamente. Afinal, ninguém sobrevive sozinho, todos dependemos uns dos outros. "Tudo está interligado nesta Casa Comum".

A meditação sobre o "Princípio e Fundamento", além de levar o exercitante a contemplar as maravilhas de toda a Criação de Deus e a tomar consciência de sua condição de criatura e parte da Criação, também o leva a se conscientizar dos seus limites, dos seus pecados e da sua capacidade de destruir essa obra divina quando dela abusa. O pecado é o resultado de atitudes negativas, de não colaboração, de abuso e desrespeito da humanidade com o plano divino, o qual deseja vida abundante para todos. O pecado, tanto na sua dimensão social como naquela individual, destrói o planeta Terra e compromete o seu futuro. Nesse sentido, Leonardo Boff nos alerta:

> No imaginário dos fundadores da sociedade moderna, construída nos últimos 400 anos, o desenvolvimento movia-se dentro de dois infinitos: o infinito dos recursos naturais e o infinito do desenvolvimento rumo ao futuro. Essa

O SER HUMANO É PARTE DA CRIAÇÃO

pressuposição se revelou ilusória. Os recursos naturais não são infinitos. A maioria está se exaurindo, principalmente a água potável e os combustíveis fósseis. E o tipo de desenvolvimento linear e crescente rumo ao futuro não é universalizável[2].

Essa visão de que os recursos naturais são uma fonte inesgotável e independentes uns dos outros não permite fazer uma reflexão sobre o cuidado e a preservação do planeta Terra como um "corpo" no qual se integram múltiplas espécies de vida.

Carta encíclica *Laudato Si'*

Através da sua Carta encíclica *Laudato Si'* (LS)[3], o papa Francisco oferece pistas concretas e iluminadoras

---

2. BOFF, Leonardo, *A ética da vida*, Rio de Janeiro, Record, 2009, 31. Boff critica o sistema econômico vigente que, além de destruir a vida do planeta Terra, favorece a escandalosa disparidade social, que não está conforme o plano de amor do Criador revelado por Jesus Cristo. Enquanto poucos acumulam sempre mais riquezas e bens materiais, a maioria das pessoas vive na escassez ou na miséria.
3. PAPA FRANCISCO, Carta encíclica *Laudato Si',* sobre o cuidado da Casa Comum, São Paulo, Paulus, 2015. Essa Encíclica

a serem colocadas em prática para que se garanta a sobrevivência do planeta Terra. Nessa encíclica, dirigida a toda a família humana, o Papa exorta a humanidade a interromper o processo de destruição acelerada da natureza e a recuperar a relação harmoniosa com a obra divina, contemplando-a como parte de cada ser humano, e não como algo externo à humanidade, que pode ser destruído sem piedade:

> Lanço um convite urgente a renovar o diálogo sobre a maneira como estamos a construir o futuro do planeta. Precisamos de um debate que nos una a todos, porque o desafio ambiental, que vivemos, e as suas raízes humanas dizem respeito e têm impacto sobre todos nós (LS, n. 14).

Para compreender a seriedade e a urgência desse apelo, é preciso entrar em sintonia com a natureza, com toda a Criação, e assim perceber como todos os seres vivos estão interligados e dependem uns dos outros.

---

apresenta uma reflexão revolucionária sobre a urgência na mudança da relação do ser humano com o planeta Terra e do uso dos recursos naturais. Quem a lê com atenção dificilmente não passará por um processo de conversão ou de mudança na sua relação com o nosso planeta Terra.

O SER HUMANO É PARTE DA CRIAÇÃO

Em relação à meditação do "Princípio e Fundamento" dos EE, vimos que a força do pecado humano destrói a maravilhosa obra do Criador. Dessa forma o ser humano não corresponde ao fim ao qual foi criado, isto é, louvar, reverenciar e servir ao Senhor e usar as coisas tanto quanto ajudem a atingir esse fim. A destruição, o desequilíbrio e a exploração sem limites manifestam a presença do pecado como um modo de proceder no qual o ser humano se compreende como que "separado" das demais criaturas, e que, por isso, pode usar e abusar delas como se não o afetassem. A força do pecado mata a vida e destrói a Criação. É urgente interromper este comportamento destrutivo de exploração exagerada da natureza que tem a morte como consequência. A força do mal, do pecado ou da sombra, não deve ser alimentada, mas combatida e anulada. Para isso é necessário conscientizar a humanidade sobre a importância do cuidado, da proteção e preservação da "Casa Comum". Infelizmente, muitas pessoas não olham com seriedade para essa questão. Seguem acreditando que o planeta Terra é uma fonte inesgotável de recursos que devem ser explorados ao máximo. Contudo, a indiscriminada e abusiva exploração do planeta Terra e suas diversas manifestações de vida vai provocando também a destruição e a morte do autor dessa destruição, o próprio ser humano, pois interrompe o fluxo de vida criado por Deus.

Ecologia integral

A Carta encíclica *Laudato Si'* apresenta o conceito de "ecologia integral", o qual, indo além da preocupação pela preservação da natureza, afirma que tudo está interligado e que, portanto, também as dimensões humana, social, cultural, econômica têm estreita relação com a preservação ambiental, de modo que as várias crises que vivemos não estão separadas. A ecologia integral preocupa-se com a manutenção da vida e da harmonia da Criação, associando também aí a dignidade humana, pois compreende o ser humano como parte integrante da Criação. Portanto, reconhecer a dignidade de todo ser vivo, entre os quais os seres humanos, é reconhecer a necessidade do cuidado da "Casa Comum", onde todos vivemos. Trata-se de uma relação da ética do cuidado e da reciprocidade.

Não basta, portanto, voltar o olhar para as espécies em extinção, para a poluição do ar e das águas, para o desaparecimento das reservas de água doce e para a destruição florestal. Tudo isso é necessário e urgente. Mas não basta. É urgente encontrar alternativas à modernidade de visão mecanicista, que acredita que o planeta Terra seja uma fonte de riquezas inesgotáveis a serem exploradas.

O SER HUMANO É PARTE DA CRIAÇÃO

É igualmente urgente voltarmos o olhar para a Mãe Terra e seus filhos, todas as espécies de vida, de forma especial o incontável número de pessoas que vivem em situações desumanas, sem acesso aos direitos humanos básicos, tais como a alimentação, a saúde, a habitação, o saneamento, a educação etc. O sistema socioeconômico vigente se mostra ineficiente e se nega a assumir aquela postura pelas soluções para a grande crise ecológica que provocou. O resultado dessa crise ecológica é o grito desesperado do planeta que está sendo destruído: extinção de espécies animais e vegetais, disseminação de doenças, aumento da temperatura global, desequilíbrio dos ritmos de chuva, provocando inundações e secas, degelo das calotas polares e geleiras etc. Enfim, a vida no planeta Terra como a conhecemos corre grande risco de não sobreviver à ação predatória do ser humano. O que podemos e o que devemos fazer para frear esse ritmo de morte?

Reconhecendo o mal gerado e a morte provocada pela exploração desequilibrada da Mãe Terra, à luz da fé e da esperança cristã, convém em primeiro lugar pedir perdão a Deus Criador pelo desrespeito à sua Criação e a todos aqueles que, em consequência da ganância destrutiva de tantos, perdem a vida. A fé cristã deve comprometer-nos com a obra do Criador, buscando soluções e meios que ajudem a evitar uma deterioração ainda maior do nosso planeta e da imensa manifestação de vida nele. Essa é uma missão coletiva para a humanidade. Por isso, soma-se a ela a missão de conscientizar aquelas pessoas que ainda não querem reconhecer que estamos passando por uma crise ecológica provocada pelos seres humanos como nunca se tinha visto antes.

Ética socioambiental

A ecologia integral é acompanhada pela ética socioambiental. Não é suficiente superarmos a injustiça ambiental se a injustiça social segue excluindo e matando seres humanos. A justiça ambiental é necessária tanto para a sobrevivência dos ecossistemas quanto para a sobrevivência do próprio ser humano. Necessitamos de uma justiça que, sendo social, garanta os direitos humanos a todas as pessoas ao mesmo tempo em que assegure a justiça ambiental, pois estão profundamente interligadas e de várias maneiras sustentam uma a outra. É bom zelar pela vida dos animais e vegetais, pela conservação do solo, das águas, do ar, mas este zelo, se desconectado do cuidado pelo ser humano, pode ser motivo de pecado, por exemplo quando ignora quem é forçado a competir com outros animais um pouco de comida estragada nos lixões, ou quando

O SER HUMANO É PARTE DA CRIAÇÃO

morre de fome nas ruas, debaixo das pontes dos grandes centros urbanos. O trabalho em favor da vida e da justiça, portanto, deve se dar através da luta por uma justiça que, levando a sério a percepção de que tudo está interconectado, cuide tanto da dimensão ambiental quanto da social. A justiça socioambiental zelará pelo cuidado da vida e da Criação tendo como base a perspectiva da ecologia integral.

Convite do papa Francisco, missão de todos nós

O convite do papa Francisco a cuidar da "Casa Comum" deveria ser assumido como missão de todos, mas especialmente dos cristãos católicos, tomando consciência de que somos parte da Criação, e que nela fomos agraciados com o planeta Terra. Somos chamados a cuidar especialmente dessa parte da Criação, como nos diz a Escritura com a imagem da missão confiada pelo Criador ao ser humano (= Adão) no Jardim do Éden (Gn 2,15). A destruição da natureza, nas suas diversas expressões, coloca em risco a vida humana. A Criação deve ser vista e contemplada na sua totalidade, e não parcialmente. Tudo nela está interligado, e as criaturas dependem umas das outras. A criatura humana não pode colocar-se fora da Criação, como explica

Giorgia Sena Martins: "O pensamento antropocêntrico-cartesiano leva a crer que homem e natureza são realidades distintas. O homem paira acima da natureza, submetendo-a às suas vontades. Dessa cosmovisão nasce a ideia da natureza como objeto [...], raiz de toda a crise ambiental"[4].

Os recursos naturais servem para manter a vida humana, mas o seu uso deve ser feito de forma adequada e justa, para evitar desequilíbrios na natureza, pois sua destruição rompe o ciclo de vida criado por Deus. Contudo, perceber a Criação como dom, como oportunidade, como graça recebida, faz com que mudemos de atitude e passemos a cuidar mais, a querer preservar este presente para que ele não se acabe, deixando de ser fonte de vida na sua totalidade. Segundo o papa Francisco, "esquecemos que nós mesmos somos terra (cf. Gn 2,7). O nosso corpo é constituído pelos elementos do planeta; o seu ar permite-nos respirar, e a sua água vivifica-nos e restaura-nos" (LS, n. 2). Por isso é tão necessário levar a sério e pôr em prática a justiça socioambiental.

---

4. MARTINS, Giorgia Sena, *Elementos da Teoria Estruturante do Direito Ambiental*, São Paulo, Almedina, 2018, 223. A autora é Procuradora Federal pelo Estado de Santa Catarina e trabalhou longos anos na área de Direito Ambiental junto ao IBAMA.

O SER HUMANO É PARTE DA CRIAÇÃO

A reflexão de Bartolomeu I, Patriarca de Constantinopla, citada na Carta encíclica *Laudato Si'*, ajuda a compreender melhor a missão dos cristãos em relação ao cuidado da "Casa Comum":

Quando os seres humanos destroem a biodiversidade na criação de Deus; quando os seres humanos comprometem a integridade da terra e contribuem para a mudança climática, desnudando a terra das suas florestas naturais ou destruindo as suas zonas úmidas; quando os seres humanos contaminam as águas, o solo, o ar... tudo isso é pecado. Porque um crime contra a natureza é um crime contra nós mesmos e um pecado contra Deus (LS, n. 8).

Essa reflexão profunda e lúcida deve inspirar a nossa missão no cuidado da Casa Comum, servindo também como um exame de consciência ao analisarmos a nossa relação com a Criação, com o nosso planeta Terra, com os nossos semelhantes e conosco mesmos.

Se a destruição da natureza é pecado, conforme a afirmação do Patriarca Bartolomeu, então é pecado ainda mais grave a destruição dessa "Casa Comum" em favor de uma minoria, excluindo e até levando à morte a maioria. Por isso, não podemos mais concordar com as decisões políticas e econômicas que favorecem a devastação das florestas, a exploração e a exportação das riquezas naturais e o uso desequilibrado de venenos e agrotóxicos visando tão somente agradar umas poucas famílias e grupos privilegiados, os quais, em troca, garantem o apoio político e econômico a quem favoreça seus projetos.

Os sinais do desequilíbrio provocado na natureza pela nossa ação depredadora são muitos. Ainda que diariamente as mídias sociais mostrem desastres naturais, há uma parte da humanidade que não quer aceitar as evidências de que esses desastres são, quase sempre, fruto da exploração gananciosa e desequilibrada que o planeta Terra vem sofrendo continuamente. Para quem é obcecado e cego, acreditando que a natureza é uma fonte inesgotável de recursos, a justificativa, simples e equivocada, é dizer que sempre houve desastres naturais. No entanto, os rios, por um lado sem água, por outro transbordando perigosamente, o avanço dos desertos, o aumento gradual e contínuo da temperatura com o consequente desaparecimento das grandes geleiras, e a extinção de muitas espécies de vida confirmam que a mudança climática é realidade e não apenas teoria.

Por que então essa irresponsável falta de preocupação e responsabilidade pelo equilíbrio, pela harmonia e pelo cuidado da vida como um todo? Por que esse descaso

O SER HUMANO É PARTE DA CRIAÇÃO

por aqueles que virão depois de nós e que também têm o direito de viver dignamente, partilhando com os demais seres vivos o Jardim onde o Criador generosamente nos colocou? Por que não permitir que o ciclo da vida de todos os seres vivos possa seguir seu curso natural?

O papa Francisco apresenta São Francisco de Assis como o modelo a ser seguido no cuidado com a natureza, na ecologia integral e na valorização de todas as criaturas, sejam elas grandes e fortes ou pequenas e frágeis. O santo de Assis contemplava a presença de Deus em todas as criaturas. Também Santo Inácio de Loyola, na contemplação que conclui a experiência dos *Exercícios espirituais*, convida-nos a encontrar a Deus presente, atuante e entregando-se a nós em todas as coisas (cf. EE, n. 230-237). Contudo, hoje parece não bastar a mera contemplação da natureza como obra do Criador. É necessário, e de forma urgente, protegê-la, fazendo parar o processo acelerado que está levando à sua destruição[5]. A humanidade toda, liderada por homens e mulheres com autoridade e poder de decisão, deve

---

5. O papa Francisco definiu o dia 1º de setembro como o dia do "Cuidado da Criação". Essa é mais um esforço que visa conscientizar a humanidade da importância e emergência de salvar a nossa "Casa Comum". Em seu livro, *Nostra Madre Terra*, o Papa lembra que a Igreja Ortodoxa já há tempo trabalha em favor do cuidado da "Casa Comum".

buscar modos de desenvolvimento que sejam sustentáveis e integrais, ou seja, que contemplem o respeito ao ambiente e ao direito de todos os seres humanos a uma vida digna junto ao todo da Criação. Para os cristãos, a colaboração no cuidado da Criação é parte integral e inalienável de sua missão, a qual tem seu fundamento e sua razão de ser na missão de Jesus Cristo que veio "para que todos tenham vida e a tenham em abundância" (Jo 10,10).

Cultura do consumismo e do descarte

Custa-nos a reconhecer que o funcionamento dos ecossistemas naturais é exemplar: as plantas sintetizam substâncias nutritivas que alimentam os herbívoros; estes, por sua vez, alimentam os carnívoros que fornecem significativas quantidades de resíduos orgânicos, que dão origem a uma nova geração de vegetais. Ao contrário, o sistema industrial, no final do ciclo de produção e consumo, não desenvolveu a capacidade de absorver e reutilizar resíduos e escórias (LS, n. 22).

É justo reconhecer que a capacidade humana desenvolveu recursos tecnológicos e materiais que facilitam a relação entre as pessoas e que melhoraram a qualidade de vida para quem a eles tem acesso. Nesse mundo de desenvolvimento tecnológico acelerado, todos gostamos de novidades, queremos ter os aparelhos e recursos de última geração. Por outro lado, muitas vezes nos custa perceber a destruição e a morte que estas facilidades materiais causam à "Casa Comum". O excesso e o abuso da criatividade tecnológica tornam a pessoa vítima de uma atitude insaciável, egoísta, gananciosa e, por isso mesmo, destruidora. Fica claro que um dos grandes pecados a ser vencido no mundo de hoje é o da cultura do consumismo e do descarte.

As mudanças climáticas, o desequilíbrio dos ciclos das chuvas e o desaparecimento de muitas espécies de seres vivos, mas também o empobrecimento e a marginalização de pessoas, grupos sociais e até países no sistema econômico vigente no Ocidente, são os efeitos injustos e preocupantes dessa exploração insaciável e desequilibrada. O acúmulo de bens e riquezas por parte de grupos cada vez mais reduzidos, cuja produção deteriora gravemente o ambiente e causa a falta de acesso a comida, água e saúde de grande parte das pessoas, é sinal de que não podemos mais fazer de conta de que está tudo bem, de que a produção deve continuar nesse ritmo, pois a natureza não resistirá por muito tempo à contínua agressão e destruição, que é não menos que um desrespeito ao direito de todos à vida.

Muitas vezes, para justificar determinadas práticas, apresenta-se o falso argumento da necessidade de produzir mais alimentos. Ano após ano, porém, há recordes de safras de grãos e, ironicamente, o número de pessoas que morrem de fome aumenta proporcionalmente. Segundo Gaël Giraud e Carlo Petrini[6], hoje se produz alimento suficiente para doze bilhões de pessoas e somos oito bilhões. Isso significa que 33% dos alimentos não são aproveitados, ao passo que há mais que um bilhão de pessoas que passa fome. Olhando a vida na perspectiva do Criador e do direito de todos à vida – assegurado pelas nações em suas constituições –, o sistema capitalista vigente, apesar de todos os seus avanços, mostra-se um fracasso. A grande maioria das pessoas não vive em condições dignas e saudáveis. É motivo de frustração e vergonha ver irmãos e irmãs nossos compartilhando com os animais a busca por um pouco de comida nos lixões, ao passo que uns poucos vivem no luxo, no excesso e na extravagância. E o Filho de Deus continua sofrendo e sendo rejeitado nos pobres e excluídos: "Eu

---

6. GIRAUD, Gaël; PETRINI, Carlo, *Il Gusto di cambiare: la transizione ecologica come via per la felicità*, Bra/Città del Vaticano, Slow Food/Libreria Ed. Vaticana, 2023.

O SER HUMANO É PARTE DA CRIAÇÃO

tive fome, e vocês não me deram de comer; tive sede, e não me deram para beber; fui estrangeiro, e vocês não me acolheram; estava nu, e vocês não me vestiram; estive enfermo e preso, e vocês não me visitaram" (Mt 25,41-43). Que posso e devo fazer para que o direito à vida seja para toda a Criação e, especialmente, as pessoas que não têm o "pão nosso de cada dia" para saciar a fome? Que posso e devo fazer agora para evitar a contínua e impiedosa agressão à natureza, à Mãe Terra, violentamente sangrada pela ambição materialista?

O bem-estar não pode ser apenas para o ser humano ou para poucos humanos. Para que seja possível e duradouro, deve contemplar igualmente os demais elementos da natureza: as águas, as plantas, os animais, os minerais, as florestas, os micro-organismos, pois são dependentes entre si e formam um complexo sistema de vida no qual tudo e todos estamos interligados.

O antropocentrismo judaico-cristão, ao interpretar a narração bíblica sobre a Criação que se encontra nos dois primeiros capítulos do livro do Gênesis, esqueceu-se de que o ser humano também é criatura e que depende das demais criaturas. Por isso, muitas vezes os humanos agem como se fossem deuses ou desejam ser como Deus. A reflexão de Pacot explicita bem esse comportamento: "Você foi criado, você não é Deus, somente Deus é Deus. Você é filho de Deus. Foi criado e amado dentro dos limites próprios a todo ser humano, a tudo aquilo que tomou forma; aceite a condição de criatura em todas as suas dimensões. Não cobice a divindade"[7].

A visão antropocentrista chegou ao seu extremo na sociedade industrial moderna, cuja visão mecanicista cartesiana vê a natureza como uma grande máquina que deve trabalhar e produzir sempre. O dia de descanso do Criador foi ignorado. A natureza já não encontra tempo para se refazer e renovar. Ela é brutalmente destruída e eliminada. Esse comportamento destrutivo é fruto do pecado, da sombra, da força do mal agindo contra o projeto de Deus Criador. A destruição compulsiva da natureza é a desobediência ao mandamento de Deus "não matarás".

Ritmo de vida acelerado

A necessária revisão do ritmo de vida exageradamente acelerado, imposto tanto ao meio ambiente quanto aos seres humanos, é certamente um dos grandes desafios para a sociedade moderna e pós-moderna. É um ritmo que quer oferecer sempre mais recursos, novidades e facilidades à pessoa. Por sua vez, a pessoa

---

7. PACOT, Simone, *Volte à Vida!*, 20.

O SER HUMANO É PARTE DA CRIAÇÃO

acredita que o verdadeiro sentido da vida se dá no desfrutar das novidades. Para manter a produção de novos objetos de consumo, ela precisa de recursos financeiros, adquiridos através da produção de outros produtos, que normalmente levam à exploração, à poluição e à destruição da natureza, da Casa Comum. O que se percebe é que já não há tempo para pensar em princípios éticos e valores de vida além do aqui e do agora. Mas são exatamente esses valores e princípios, em parte esquecidos, que alimentam no ser humano a esperança na vida futura, a esperança que busca e deseja a relação com o divino. Imersos no fluxo incessante e veloz do atual ritmo de vida, os humanos também encontram dificuldades em fazer-se a pergunta essencial sobre a sua verdadeira identidade de criatura. O fascínio do poder, do ter, do prazer e do *status*, apesar do preço a pagar pelo estresse, a ansiedade e a vida acelerada, apresenta-se como o único meio possível de ser feliz. O problema é que a felicidade nunca chega, porque sempre surgirão novos objetos de consumo a serem conquistados. Assim a pessoa entra num processo de eterna busca da felicidade, mas mediada sempre através de coisas materiais, do *status*, do sucesso e do reconhecimento, e não a partir do valor da sua humanidade e de sua origem divina.

Outro aspecto negativo que a vida acelerada ou a corrida materialista causa é a negligência da própria relação humana. Não há mais tempo para "perder" com os outros. O endeusamento do poder, do *status*, do sucesso e do acúmulo de riquezas reforçou na pessoa o pecado do egoísmo ou mesmo da escravidão. Se já é difícil encontrar tempo para estar gratuitamente com outros, ajudar a quem passa por necessidades se torna ainda mais difícil. É mais fácil acusar a pessoa antes de preguiçosa ou incompetente do que ir ao encontro dela e ajudá-la a superar as dificuldades que encontra na vida. Assim se justifica o afastamento na relação com aqueles que passam necessidades e se fortalece o fechamento em si mesmo. Facilmente repetimos a atitude do sacerdote e do levita descritos na parábola do Bom Samaritano (Lc 10,25-37). Passamos para o outro lado e fazemos de conta que não vemos a pessoa em necessidade. Nas grandes cidades, os mendigos são vistos como um problema, e não como seres humanos e como criaturas amadas por Deus.

Assim como não se encontra tempo para estar gratuitamente com os semelhantes, da mesma forma não se encontra tempo para voltar o olhar e o coração para Deus. Aliás, tendo abundância de recursos materiais, vive-se como se Deus já não fosse mais necessário na vida.

Na Bíblia lemos que Deus descansou no sétimo dia (Gn 2,2). Será que as escolhas humanas, baseadas no bem-estar material, não desumanizam e transformam o próprio ser humano em um tipo de máquina que deve produzir sem descanso? Talvez o que falta hoje é precisamente encontrarmos o significado do sétimo dia e do descanso que ele significa. Como fazer para que esse dia se torne tempo e lugar em que a pessoa consegue voltar seu olhar, seu coração e seu pensar para Deus, para o próximo e para o sentido da vida? Por que não fazer desse dia também lugar e tempo de descanso, de celebrar a fé, de encontrar com pessoas amigas e se alegrar com o dom da vida que nos foi dado gratuitamente? O dia de descanso também ajuda a contemplar a beleza da Criação e a estar em harmonia e comunhão com ela.

Somos parte da Criação

A crise ecológica e ambiental leva o ser humano a reconhecer-se como parte da Criação, nunca como alheio a ela. Ser criatura faz parte de sua identidade e de sua história. Este reconhecimento muda radicalmente a visão antropocentrista, que autorizava o homem a sentir-se dono da Criação e, consequentemente, com direitos sobre a sua exploração ou destruição. Reconhecer a história e a identidade da humanidade com suas fragilidades, seus pecados e suas múltiplas possibilidades leva a pessoa a um novo modo de olhar e de se relacionar com a natureza. E o cuidado da "Casa Comum" começa a ser parte do comportamento humano. Aprender com a história é importante para que visões equivocadas, práticas destrutivas e de morte não se repitam. Aprender com os efeitos das decisões equivocadas e da presença da sombra leva a buscar novas possibilidades de vida, de luz, de oportunidades para todos os seres vivos que formam a grande rede da vida. Enfim, para muitos é a oportunidade de encontrar a Deus em todas as coisas. Este novo olhar e esta nova forma de se relacionar com a Criação desenvolve uma nova sensibilidade com a Criação e com o Criador. Esse movimento faz perceber que tudo está interligado e que há uma grande harmonia nessa obra majestosa e encantadora. Esse novo jeito de entender a Criação leva a admirá-la e, assim, transforma e converte o coração humano, levando-o a aspirar a comunhão com Deus, com os semelhantes, com toda a Criação e consigo mesmo.

No horizonte da esperança cristã, o olhar humano se volta sempre mais para Jesus Cristo, que é o Caminho, a Verdade e a Vida. Essa esperança leva o ser humano a "usar as coisas tanto quanto ajudam a alcançar este fim" (EE, n. 23). A reconciliação das criaturas com o Criador ajuda a pessoa a encontrar o seu justo lugar no nosso querido planeta Terra. Quando Cristo, a Luz do Mundo,

O SER HUMANO É PARTE DA CRIAÇÃO

se torna a luz que ilumina a vida da pessoa, então a solidariedade com os semelhantes e o cuidado da Criação, da Casa Comum, se tornam parte do seu modo de ser e agir. A esperança cristã também reconhece que o Senhor da Vida, o Senhor Ressuscitado, faz novas todas as coisas (Ap 21,5). A comunhão com o Criador leva à harmonia, à gratidão e ao louvor, como rezamos no Salmo 104,1-2: "Bendize, ó minha alma, o Senhor! Senhor, meu Deus, vós sois imensamente grande! De majestade e esplendor vos revestis, envolvido de luz como de um manto". A comunhão com o Criador e com sua Criação harmoniza a vida humana e a plenifica de sentido.

Duas maneiras de relação com a Criação

Há duas maneiras bem diferentes de se relacionar com a Criação. A primeira, de forma compulsiva e insaciável, quer aumentar a produção, mesmo que isso signifique destruir o meio ambiente. Já a segunda também produz, mas produz em favor da vida, de forma equilibrada, sem destruir, antes buscando como usar os recursos naturais de maneira sustentável, respeitando assim o meio ambiente. Um dos aspectos da missão dos cristãos é ajudar a humanidade a encontrar esta relação harmoniosa e cuidadosa com a natureza, com o planeta Terra, nossa Casa Comum, com Deus e com todos os seres vivos. Tudo isso para que a abundância de vida seja para todos e não apenas para alguns.

O planeta Terra é um sistema complexo

A visão da complexidade ajuda a compreender melhor como tudo está interligado e a lançar um olhar crítico sobre o comportamento humano em relação ao planeta Terra. O sistema econômico moderno, o capitalismo, baseia-se na visão mecanicista inspirada na racionalidade cartesiana. Segundo essa visão, o planeta Terra é uma fonte inesgotável de recursos a serem explorados para alimentar um sistema econômico que aspira ao crescimento infinito. De acordo com Giorgia Sena Martins, estudiosa do que se conhece como "Pensamento Complexo", aquela concepção "deixa de considerar as ligações entre a economia e a ecologia e os impactos recíprocos, considerando equivocadamente o planeta como uma fonte inesgotável de recursos e uma fossa infinita de dejetos"[8]. Para ela, a racionalidade cartesiana, pautada em uma visão mecanicista, reducionista e interindividual, não tem condições para

---

8. MARTINS, Giorgia Sena, op. cit., 19.

O SER HUMANO É PARTE DA CRIAÇÃO

enfrentar a crise ambiental contemporânea. Esta racionalidade mecanicista isola o ser humano da realidade ambiental, ou seja, contempla os recursos naturais como algo externo a ela, que não se sente parte da Criação. A mentalidade cartesiana tampouco leva em consideração o fato de que na natureza tudo está interligado. Martins acena para o "*paradigma complexo,* que reconecta homem e natureza, economia e ecologia, direito e realidade, como uma saída para a crise"[9]. Somente a compreensão da complexidade, da interconectividade dos incontáveis seres vivos, animados e inanimados, que compõem a vida do planeta Terra, pode reverter a crise ecológica em curso. Olhar para as riquezas naturais como "coisas isoladas" umas das outras, a fim de explorá-las, tem como consequência necessária a destruição do corpo vivo chamado planeta Terra. Comparando-o com o corpo humano, podemos reconhecer que nele, tal como no nosso corpo, todas as partes são importantes e funcionam harmonicamente. Quando alguns membros são retirados, o corpo até pode seguir funcionando, mas sempre de forma limitada. É a presença de todos os membros, interligados entre si, que traz harmonia e beleza ao corpo.

---

9. Ibid., 28.

Como entender o pensamento complexo?

A metáfora a seguir pode ajudar tanto a compreender o pensamento complexo quanto a visualizar como tudo está interligado.

O que uma árvore significa? Para um pássaro, a árvore é casa, lugar de nidificação; para um peregrino cansado, a árvore é sombra e lugar de descanso; no frio, a árvore, com sua madeira, pode ser sinônimo de salvação e sobrevivência; para o cupim, a árvore fornece alimento; para um escultor, um tronco pode ser visto como um objeto de arte, uma escultura, a depender de como se observe; para um madeireiro, árvore é dinheiro; para um ambientalista, uma causa; para a bancada ruralista do Congresso Nacional, um entrave, um problema a ser eliminado; para um botânico, é objeto de estudo. E assim poderíamos prosseguir indefinidamente. A árvore não pode ser definida como algo estanque, com uma natureza inerente, eis que pode, simultaneamente, ser diversas coisas e, ao mesmo tempo, nenhuma delas individualmente[10].

---

10. Ibid., 58.

O SER HUMANO É PARTE DA CRIAÇÃO

Essa metáfora pode inspirar e iluminar a reflexão a que somos chamados a fazer sobre a compreensão, a relação e o cuidado que temos com a "Casa Comum". Na *Laudato Si'*, encontramos a confirmação da visão equivocada do modelo mecanicista cartesiano:

> Embora a mudança faça parte da dinâmica dos sistemas complexos, a velocidade que hoje lhe impõem as ações humanas contrasta com a lentidão natural da evolução biológica. A mudança é algo desejável, mas torna-se preocupante quando se transforma em deterioração do mundo e da qualidade de vida de grande parte da humanidade (LS, n. 18).

O sistema econômico capitalista, embora tenha conquistado conhecimento, desenvolvido tecnologia e obtido recursos incontáveis em favor do ser humano, é como uma máquina que precisa estar em contínuo movimento, num ritmo frenético de crescimento. Todos os países, empresas, instituições, organizações, famílias e indivíduos querem crescer e aumentar continuamente suas fontes de bens materiais e recursos financeiros. Este ritmo vai na contramão do sistema natural de reprodução e evolução. Como seus ritmos são outros, a natureza acaba sem ter suficiente tempo para se refazer.

Os sinais de que os recursos naturais não são inesgotáveis se percebem nas fortes mudanças climáticas que colocam em perigo não somente a vida humana, mas a de todas as espécies de vida existentes na Casa Comum, sendo que muitas espécies já desapareceram e outras tantas estão em processo de extinção. As mudanças climáticas, com fortes consequências ambientais, sociais, econômicas e políticas, não são um problema local, mas global. Estas consequências certamente são um dos principais desafios para a humanidade hodierna. A exploração exagerada e agressiva dos recursos naturais para obter sempre mais bens e lucro tem como seu resultado mais preocupante o desequilíbrio da natureza, o surgimento de novas doenças e epidemias, como a recente pandemia provocada pelo vírus COVID-19, com todas as suas variantes. Infelizmente o preço que a humanidade paga não é apenas o financeiro, mas lamentavelmente também a de milhões e milhões de vidas ceifadas por doenças, pela fome e sede, pela falta de saneamento básico etc. Além disso, está em curso um processo de extinção de muitas outras espécies de seres vivos cuja ausência torna o desequilíbrio do nosso planeta ainda maior. Basta estar atento para ouvir o clamor da Terra e o grito desesperado de todos os que vivem nas condições mais inóspitas e desumanas. Como a Igreja e todas as pessoas de boa vontade podem ser sal, luz e esperança para essa multidão de pessoas que não tem acesso a uma vida digna? Como a Igreja e todas as pessoas de boa vontade podem e devem ajudar a desacelerar o ritmo acelerado de destruição da natureza, Criação de Deus?

Economia vigente e economia ecológica

A economia vigente e a consequente organização da sociedade em função dela estão focadas no lucro e almejam o crescimento infinito. Felizmente, cada vez mais pessoas começam a repensar a relação abusiva com a natureza que uma tal economia gera. Há, contudo, um longo caminho ainda por percorrer, pois a crise ecológica provocada pela exploração dos recursos naturais segue num ritmo frenético e violento contra a Mãe Terra, como se estes recursos naturais fossem infinitos. O resultado desse processo econômico insaciável é a morte gradativa do nosso planeta – já visível aos olhos de todos. Por isso é extremamente urgente repensar a estrutura socioeconômica vigente. Hoje se fala da economia ecológica como uma nova forma de utilizar os recursos naturais necessários para a sobrevivência humana sem comprometer e destruir o meio ambiente.

A teoria econômica tradicional, por desconsiderar a fonte e a destinação dos recursos naturais, leva à cegueira ambiental. Já a concepção de mundo da Economia Ecológica parte de um raciocínio diametralmente oposto: nele, a Economia é um sistema aberto que está dentro de um ecossistema fechado, a terra; a Economia é apenas uma parte desse sistema. Assim, o crescimento econômico tem limites, pois a Terra não pode se expandir[11].

A economia ecológica, ainda que não seja uma garantia de dignidade de vida para todos, ao menos é uma boa possibilidade para desacelerar a preocupante mudança climática e a destruição da natureza em curso. Esta nova economia deveria considerar a desaceleração da produção frenética dos países ricos e apoiar os países pobres para que possam contar com estruturas econômicas que garantam melhores condições de vida para seus habitantes, mas sem a necessidade de manter a exploração desequilibrada da natureza. Seria a grande oportunidade de distribuir melhor os bens produzidos, que se encontram acumulados nas mãos de poucos. A instalação desse novo sistema econômico teria também

---

11. Ibid., 31.

O SER HUMANO É PARTE DA CRIAÇÃO

a função de ajudar as pessoas a viverem menos apegadas aos bens materiais, a diminuírem a busca insaciável do conforto, a olharem com carinho e cuidado os recursos naturais em vista do equilíbrio ecológico. Seria a oportunidade de reduzir o consumo desequilibrado dos produtos químicos, o uso dos agrotóxicos, as queimadas, a poluição das águas, e assim iniciar uma nova relação com a Criação, uma relação de cuidado e de uso equilibrado, que favoreceria todo o ecossistema. Enfim, esta postura ajudaria o ser humano a realmente sentir-se parte da Criação, desenvolvendo uma relação de harmonia, de apreço, de admiração, de contemplação da Criação e de louvor ao Criador pela sua obra maravilhosa e grandiosa.

O universo, além de ser uma obra de arte espetacular, de beleza única, é um sistema complexo que funciona de forma incrivelmente harmoniosa. E também o planeta Terra exibe exuberância e beleza indescritíveis, em um equilíbrio ecológico natural e maravilhoso. Porém, a ganância humana rompe essa harmonia complexa, colocando em risco o equilíbrio do ecossistema e a vida de todos os seres vivos que se sustentam mutuamente. O comportamento humano interrompe e separa, em muitas situações, aquilo que naturalmente está interligado. Quem sou eu ou quem somos nós para destruirmos a maravilhosa Criação de Deus? "Eu te louvarei, porque de modo assombroso, e tão maravilhoso fui feito; maravilhas são as tuas obras, e a minha alma o sabe muito bem" (Sl 139,14). A sociedade moderna perdeu a capacidade de contemplar a obra criada por Deus e prefere olhar essa complexa maravilha como fruto do acaso e como fonte de riquezas. Assim como a meditação do "Princípio e Fundamento" e a "Contemplação para alcançar Amor" dos *Exercícios espirituais* de Santo Inácio de Loyola levam a pessoa a contemplar e a reconhecer as maravilhas da Criação, como projeto de Deus, no qual ele mesmo se faz presente, também ajudam, por oposição, a tomar consciência do pecado humano pela destruição da natureza. Uma vez que a pessoa é capaz de identificar suas atitudes equivocadas em relação à Casa Comum, ao projeto de Deus Criador, então será capaz de abrir os olhos para um novo modo de se relacionar com Deus, com os outros, com a Criação e consigo mesma. Na sua caminhada de fé, desenvolverá uma relação de maior confiança em Deus no seguimento a Jesus Cristo, Luz do Mundo, e se empenhará no cuidado da Casa Comum.

Para refletir e aprofundar

Em clima de silêncio e de paz, escute as moções e as vozes internas que orientam a sua vida como parte da Criação. Eis algumas indicações

O SER HUMANO É PARTE DA CRIAÇÃO

bibliográficas e passagens bíblicas que podem ajudar a aprofundar o tema. Elas levam a compreender melhor a beleza da Criação como um projeto de vida oferecido gratuitamente a nós pelo Deus Criador. A contemplação da Criação e do universo ajuda perceber a beleza e a complexidade de vida que encontramos na "Mãe Terra". Por outro lado, leva a refletir e a buscar soluções para desacelerar a destruição gradativa do nosso planeta Terra, da nossa "Casa Comum".

Encíclicas do papa Francisco: *Laudato Si'*, *Fratelli tutti* e *Querida Amazônia*.

Passagens bíblicas: Gênesis 1-2; Salmo 104; Salmo 139; João 1,1-18 e Apocalipse 21-22.

Oração pela nossa Terra

Deus Omnipotente, que estais presente em todo o universo e na mais pequenina das vossas criaturas, vós que envolveis com a vossa ternura tudo o que existe, derramai em nós a força do vosso amor para cuidarmos da vida e da beleza. Inundai-nos de paz, para que vivamos como irmãos e irmãs sem prejudicar ninguém.

Ó Deus dos pobres, ajudai-nos a resgatar os abandonados e esquecidos desta Terra que valem tanto aos vossos olhos. Curai a nossa vida, para que protejamos o mundo e não o depredemos, para que semeemos beleza e não poluição nem destruição.

Tocai os corações daqueles que buscam apenas benefícios à custa dos pobres e da Terra. Ensinai-nos a descobrir o valor de cada coisa, a contemplar com encanto, a reconhecer que estamos profundamente unidos com todas as criaturas no nosso caminho para a vossa luz infinita.

Obrigado porque estais conosco todos os dias. Sustentai-nos, por favor, na nossa luta pela justiça, o amor e a paz (LS, n. 246).

2

PONTO DE PARTIDA: A FAMÍLIA

O favoritismo considera o comportamento da criança como uma resposta direta à rivalidade entre irmãos e explica o desenvolvimento de sua personalidade em termos de ser favorita ou preterida – mais amada ou menos amada – por seus genitores[1].

A família é a fonte que lança as sementes da vida, que deixa marcas registradas nos filhos e é a base da formação da personalidade humana. É na família que adquirimos os valores da vida e a segurança necessária para um desenvolvimento sadio. É na família que também adquirimos a dimensão negativa da vida, de não

---

1. RABIE-AZOORY, Vera, *Eles amam você, eles não me amam. A verdade sobre o favoritismo familiar e a rivalidade entre irmãos*, São Paulo, Paulinas, 2000, 17. A autora reflete e ilustra o desafio da missão dos pais de família. Segundo ela, por mais que os pais queiram atender aos filhos com igualdade, eles sempre terão preferência por um em detrimento de outros. Esse modo de ser traz consequências graves na vida dos filhos, sejam eles os preferidos ou os preteridos. A leitura desse livro pode ajudar muito os pais na educação e na relação com os filhos.

sermos amados o suficiente ou de não sermos dignos de viver. Para a reflexão inicial, sigo o pensamento de Vera Rabie-Azoory que se encontra em seu livro *Eles amam você, eles não me amam*. A autora trabalha a verdade sobre o favoritismo familiar e a rivalidade existente entre os filhos. Segundo ela, todos os filhos escolhem entre os pais um como Doador Principal de Amor (DPA) e outro como Doador Auxiliar de Amor (DAA). Ao longo deste do capítulo, para não ser repetitivo, farei uso das respectivas siglas quando me refiro a cada Doador.

As cinco linguagens do amor desenvolvidas por Gary Chapman[2] são igualmente importantes no tema aqui desenvolvido. Encontrar a linguagem de amor adequada às necessidades e sensibilidades de cada pessoa é essencial para que o desenvolvimento e a integração de todos sejam tanto harmoniosos quanto saudáveis.

---

2. CHAPMAN, Gary, *As cinco linguagens do amor*, São Paulo, Mundo Cristão, 1997. O autor apresenta essas cinco linguagens do amor essenciais para uma relação matrimonial positiva e sadia. As cinco linguagens do amor são: 1) Palavras de afirmação; 2) Qualidade de tempo; 3) Receber presentes; 4) Formas de servir; e 5) o Toque físico. Segundo ele, os cônjuges devem descobrir qual dessas cinco linguagens de amor mais ajuda ao processo de integração e de crescimento no amor entre os dois.

O favoritismo na família

Quando o casal tem somente um filho, não há rivais com quem se compete para ter o amor dos pais. Mesmo assim, a escolha entre DPA e DAA acontece. Numa família com mais de um filho, pode acontecer que os filhos escolham o mesmo genitor como DPA. Ninguém quer perder. Todos desejam ter a atenção plena da fonte predileta de amor. Aqui acontece o ponto de partida da rivalidade que se desenvolve entre os filhos. Cabe aos pais acolherem a escolha da fonte de amor desejada pelos filhos e saberem assumir, juntos, a educação e a atenção que eles merecem e necessitam. Essa rivalidade é forte e importante aos filhos e, por isso, merece toda a atenção dos pais.

Quando os pais não dão a devida atenção a essa realidade ou mesmo acham engraçado que isso aconteça, podem estar favorecendo experiências de dor profunda, de exclusão, de falta de amor ou de abandono na vida dos filhos ou das filhas. Eles não compreendem o desgaste emocional e relacional que isso significa às crianças.

A necessidade de atender aos filhos em sua opção pelo DPA e pelo DAA

Toda criança parece nascer com um forte impulso para procurar um adulto Doador Principal de Amor a fim de satisfazer suas necessidades emocionais[3].

A primeira interrogação que vem à mente é se o genitor escolhido por mais de um dos filhos como DPA terá condições de atender a todos em sua necessidade de receber a parcela maior de amor. É possível ao DAA preencher a falta de amor na criança que não é suficientemente atendida pelo DPA? Assim como a criança preterida luta desesperadamente para ter mais amor do DPA, assim a favorita lutará para não perder o amor a ela dirigido. Logo, os pais precisam estar muito atentos e prontos para atender da melhor forma possível a cada uma delas em suas necessidades de amor, mesmo que sintam o favoritismo ou a preterição. Nesse cuidado e atenção conjunta dos pais, torna-se possível ao DPA atender aos filhos que o escolheram como a fonte principal de amor, de afeto e de carinho. Para isso é bom que os pais formem uma equipe, que trabalhem juntos

---

3. Rabie-Azoory, Vera, op. cit., 37.

e se apoiem mutuamente. Isso lhes permitirá atender aos filhos em suas diversas necessidades.

De acordo com Rabie-Azoory, todos os pais se confrontam com o favoritismo e a predileção em relação aos filhos. Contudo, "nenhum pai ou mãe que ama suas crianças deseja confessar que tem favoritos"[4]. Esta afirmação é verdadeira, porque é difícil para os pais reconhecerem que preferem ou gostam mais de um que de outro. Negar essa realidade não ajuda a melhorar a relação com os filhos. O reconhecimento do limite ou da preferência facilita o esforço necessário para atender melhor aos filhos em suas necessidades pessoais, apesar dos sentimentos do favoritismo. Quem é escolhido como DAA tem a mesma responsabilidade pela educação e formação dos filhos quanto o DPA.

Como os pais podem atender aos filhos em suas necessidades de afeto, de carinho, de proteção e de atenção se eles mesmos são imaturos e necessitam de atenção, de afeto e/ou de serem cuidados? Como podem favorecer um ambiente saudável e seguro para o desenvolvimento sadio dos filhos? Como um casal ainda adolescente e que se encontra em plena fase de desenvolvimento e amadurecimento pode dar a atenção necessária que uma criança precisa? Nessas situações a presença de

---

4. Ibid., 18.

outras pessoas adultas ajuda a amenizar um pouco o problema, mas não resolvem o problema. Isso porque o papel dos pais em relação aos filhos é insubstituível. As crianças cujos pais carecem de maturidade e integração humano-espiritual dificilmente atingirão a vida adulta sem marcas e traumas psicológicos. Grande parte das pessoas que buscam ajuda terapêutica ou o aconselhamento pastoral narram, às vezes aos prantos, a relação difícil e muitas vezes frágil que tiveram com os pais.

Outro desafio para os pais é saberem lidar com a opção dos filhos no que diz respeito ao DPA e ao DAA. As crianças normalmente fazem a sua escolha de acordo com a presença amorosa dos pais durante os primeiros meses de sua vida. Quando sucede que todos tenham escolhido o mesmo genitor como DPA, quer dizer que a sua presença afetiva e carinhosa preenche melhor as necessidades da criança. Contudo, quem fica como DAA não deve sentir-se menosprezado. A sua presença é fundamental para o sadio desenvolvimento dos filhos e também para apoio ao que foi escolhido como fonte de amor principal. Caso contrário, especialmente se são vários filhos, fica difícil ao genitor escolhido como DPA atendê-los em suas necessidades de amor e de carinho. Além disso, a presença dos genitores, pai e mãe, é essencial para a formação da personalidade saudável e equilibrada dos filhos. Para isso é fundamental que os pais tenham suas vidas e sua relação bem integradas.

Pais conflitivos e desintegrados

Quando os pais lidam com certas dificuldades próprias do casal, tais como a baixa autoestima, o ciúme, a necessidade de receberem atenção ou de serem o centro da vida familiar, a escolha do DPA feita pelos filhos pode tornar-se fonte de discórdia na relação conjugal. Além de dificultar a relação conjugal, tais sentimentos podem fortalecer, da parte dos pais, o favoritismo ou a preterição em relação aos filhos. Nesses casos, recomenda-se que os pais busquem ajuda para integrarem bem a vida pessoal e relacional entre si a fim de não prejudicarem os filhos que necessitam do seu amor, da sua ternura e da sua presença carinhosa e equilibrada. A união dos pais significa segurança para os filhos. A criança vê na união dos pais que ela é querida e amada por eles. Assim ela poderá crescer num ambiente seguro e desenvolver uma personalidade positiva e, ao longo de sua vida, será capaz de conviver com situações de conflito, de tensão, bem como saberá se alegrar com as experiências positivas que fazem parte de sua história.

Consequências do favoritismo

Tanto os pais quanto os filhos podem se sentir culpados com o favoritismo ou a preterição. Muitos encontram até dificuldades em reconhecer estes sentimentos e até se culpam quando veem os filhos tristes, porque acreditam sinceramente que os amam sem privilegiar ou menosprezar qualquer deles. Não se dão conta de que simples gestos ou palavras de elogio para um e não para outro podem ser o suficiente para estes sentirem o favoritismo ou a preterição. Por isso, convém que os genitores estejam atentos às reações dos filhos e procurem compreender por que um de repente se isola, se fecha e fica triste. O favorecido, com o passar do tempo, pode também entrar num processo de culpa ao ver seu irmão preterido sofrendo as consequências que aquela preferência pode causar na vida dele. De quem é a culpa? Não se pode julgar os pais que alimentam o favoritismo e a preterição na família. Muito provavelmente eles mesmos passaram por isso em suas famílias de origem. Antes, convém perguntar sobre a melhor forma de se aproximar dos pais e ajudá-los a não só tomarem consciência dessa realidade, mas também a encontrarem caminhos de superação para que a preterição ou o favoritismo tenham o menor impacto possível nos seus filhos. Assim, os pais já não serão dominados pela culpa, e o ambiente familiar será mais positivo e favorável a uma relação sadia e equilibrada para todos. "O favoritismo é um tema explosivo que tem de ser tratado com extremo cuidado. O assunto é carregado e entremeado de emoções conflitantes e muitas vezes dolorosas, tanto da parte do pai e da mãe quanto da dos filhos."[5]

As consequências do favoritismo e da preterição podem permanecer para sempre dentro da família. Os pais sempre terão preferência por um filho ou uma filha e encontrarão mais dificuldades de se relacionarem naturalmente com os outros. Os preferidos continuam recebendo mais atenção e desfrutam dos privilégios que recebem. Quanto aos preferidos, os pais encontram facilidade em elogiá-los e reconhecer suas qualidades, ao passo que nos preteridos veem mais os limites e as fragilidades. Com o passar do tempo chegam até a culpar quem é preterido porque não é capaz de levar uma vida saudável, com iniciativas, criatividade e sucesso. Essas consequências também chegam a afetar a relação entre os irmãos. Elas podem se manifestar através da competição, dos sentimentos de serem menos amados pelos pais, da raiva, do ciúme e mesmo do afastamento, chegando mesmo a não quererem contato entre si.

---

5. Ibid., 19.

Um amigo meu, que chamarei de Pedro, é o quarto filho de cinco. Seus pais já faleceram. Em diferentes ocasiões, nas suas partilhas, ele fala da dificuldade que encontra em reconhecer que os pais o amavam. Pedro já fez terapia e alguns retiros espirituais para trabalhar essa dificuldade. Ele consegue perdoar os pais, mas diz que permanece com a sensação de que falta algo importante em sua vida. Isso o deixa triste e desanimado. Além disso, queixa-se que não consegue gostar dos seus três irmãos e da irmã. Segundo Pedro, eles parecem mais felizes do que ele. Pedro possivelmente carregará para toda a vida as consequências da preterição sofrida na família. No entanto, Pedro também sente crescer em seu coração profundo que os pais, apesar de seus limites, amavam-no e o queriam ver feliz. Isso lhe dá forças para seguir apostando na vida e a perseguir um futuro melhor.

O amor ou a falta de amor dos pais marca os filhos para toda a vida. Eles saberão reconhecer esse amor nas horas oportunas. Mas há também situações em que o filho preterido se torna como que uma sombra na família. Seu jeito de ser e agir destoa dos costumes próprios da família. Em ambientes sociais a família chega a ter vergonha quando o preterido aparece. Mesmo assim, Renate Jost de Moraes diz algo que é muito interessante:

PONTO DE PARTIDA: A FAMÍLIA

No seu íntimo, os filhos sabem sempre: por mais que meus pais erraram ou erram, são eles os meus melhores amigos e é com eles que eu posso contar quando todos falharem. Permanece para sempre uma ligação afetivo-emocional, ainda que de ódio, mas nunca de indiferença, o que não permite uma separação, em nível inconsciente, entre pais e filhos e filhos e pais[6].

Não é muito difícil perceber esse elo entre pais e filhos apesar dos limites e fragilidades presentes na família.

A experiência do favoritismo ou da preterição feita na infância pode estender-se para fora da família. Para quem fez a experiência do favoritismo, a atitude na vida adulta pode ser de uma vida integrada, saudável, equilibrada ou também a de seguir buscando o favoritismo e a proteção fora da família. São as pessoas que sempre querem ser reconhecidas e aplaudidas pelos

---

6. MORAES, Renate Jost de, *As chaves do inconsciente*, Rio de Janeiro, Agir, [9]1994, 202. Nesse livro a autora apresenta uma nova teoria psicológica denominada "Abordagem Direta do Inconsciente". Sua metodologia terapêutica é diferente das metodologias tradicionais, pois trabalha desde o inconsciente. Normalmente a eficácia do trabalho é muito boa, com resultados em períodos mais breves. No acompanhamento terapêutico também as dimensões espiritual e noológica são levadas em consideração. Por isso ela se adapta bem ao aconselhamento pastoral.

demais. Ou podem ser aquelas que têm grande sensibilidade e solidariedade para com outros que sofrem. Por outro lado, quem foi preterido na infância corre maior risco de se tornar uma pessoa negativa, pessimista, com sentimentos de complexo de inferioridade, de não merecimento e com dificuldades no convívio social. Numa sociedade competitiva e materialista como a nossa, tais pessoas são julgadas como acomodadas, preguiçosas e que não querem se comprometer com a vida. Poucos se fazem a pergunta: por que elas são assim? Menos ainda são as que se aproximam com o intuito de escutá-las e oferecer ajuda para que possam se integrar e entrar numa dinâmica positiva de vida. Mas há também casos em que o indivíduo consegue superar a falta de amor ou a experiência da preterição através da ajuda de profissionais da saúde, de pessoas positivas que entram na sua vida, da experiência de fé, da vida de oração, do acompanhamento espiritual, do aconselhamento pastoral e da força de vontade em superar e se libertar das marcas negativas do passado como vimos na experiência de Pedro. Segundo Rabie-Azoory, "toda criança parece nascer com um forte impulso para procurar um adulto Doador Principal de Amor a fim de satisfazer suas necessidades emocionais"[7].

---

7. Rabie-Azoory, Vera, op. cit., 37.

O favoritismo e a preterição presentes na história humana

A presença do favoritismo e da preterição não é algo que acontece somente na sociedade atual. Na Bíblia Sagrada, por exemplo, encontramos casos em que os filhos tiveram dificuldades de se relacionarem entre si por serem os preferidos ou preteridos dos pais. Em alguns casos as consequências chegaram a ser trágicas. Basta lembrar a história de Caim e Abel. Assim lemos no livro do Gênesis: "O Senhor aceitou com agrado Abel e sua oferta, mas não aceitou Caim e sua oferta. Por isso Caim se enfureceu e o seu rosto se transtornou. Disse, porém, Caim a seu irmão Abel: Vamos para o campo. Quando estavam lá, Caim atacou seu irmão Abel e o matou" (Gn 4,4-8).

A experiência de rejeição que Caim experimentou o perturbou tanto que chegou a levá-lo a matar seu irmão. O desejo de ser amado está presente em todas as pessoas. É uma necessidade básica na vida humana. Sem amor, afeto, carinho e atenção, a criança terá poucas chances de ter uma vida saudável ou capacidade de viver positivamente. A luta e a competição para garantir o amor dos genitores torna os irmãos e irmãs rivais entre si. Nos casos como o de Caim, em que o amor tão desejado é dirigido para o outro e não para si, o que nos relatam as Sagradas Escrituras é o desespero, a raiva e o ódio. A carência de amor tornou a vida de Caim difícil, frustrada, revoltada, com raiva e ódio extremos a ponto de acabar com a vida de seu irmão Abel.

Ainda no primeiro livro da Bíblia Sagrada, em Gênesis 37,1-28, encontramos um outro exemplo de rivalidade entre irmãos, agora entre os filhos de Jacó. José claramente era o filho favorito. E, por sua vez, correspondia a esse favoritismo. "Ele contou ao seu pai as más conversas dos irmãos". Sem saber da dinâmica emocional, José fez claramente a opção em corresponder ao amor do pai e se distanciou dos irmãos. "Jacó amava José mais do que todos os outros filhos, porque ele era o filho de sua velhice; e mandara-lhe fazer uma túnica com várias cores". Jacó tampouco tinha consciência de quanto esse favoritismo machucava os outros filhos, os irmãos de José. "Seus irmãos, vendo que seu pai o preferia a eles, começaram a odiá-lo e não podiam mais tratá-lo com bons olhos". Por isso decidiram se livrar de José. Primeiro desejaram a morte dele, mas acabaram por vendê-lo, pois não queriam derramar o sangue do seu irmão. Esta foi a atitude de vingança deles em relação ao filho favorecido. O desejo de morte estava presente. Contudo, os laços familiares fizeram com que José fosse poupado da morte e acabasse sendo vendido e levado ao Egito.

PONTO DE PARTIDA: A FAMÍLIA

O impacto do nascimento de mais filhos

Por mais que os pais se esforcem em preparar a criança para o nascimento do seu irmãozinho ou irmãzinha, esta notícia muitas vezes a faz com que se sinta ameaçada e frustrada. O amor e a atenção que ela recebia, agora será partilhado (dividido) com outrem. Além do mais, pode ser que a outra se torne a preferida e receba a parcela maior do amor dos genitores. Pode até acontecer que o medo de perder o amor e a atenção dos pais leve a criança a desejar a morte daquela que está por nascer. Ainda me recordo de uma situação desse gênero na época em que eu estudava aconselhamento pastoral. Certo dia, caminhando na rua, encontrei com uma paroquiana e sua filha de 3 anos. A senhora estava grávida e faltavam poucas semanas para o nascimento do filho. Perguntei à menina de três anos se estava contente com o irmãozinho que em breve viria a nascer. E ela me respondeu: "Estou feliz porque será meu irmãozinho, mas quero que ele morra". Esse desejo mostra claramente que a criança não compreendia por que deveria dividir o amor e a atenção dos pais com outra pessoa. Seu irmãozinho que estava por nascer já recebia boa parte do conforto e atenção que antes eram só dela. Como ela poderia compreender essa perda? Como poderia compreender a importância da partilha, se sentia a necessidade da presença amorosa e carinhosa dos pais em sua vida? Você que está lendo esse livro, faça uma memória sobre a sua infância, como foi a relação com os pais e irmãos ou irmãs. O favoritismo existia na família?

Diversidade de reações entre os filhos

Se a tendência da criança preterida é a de ser uma pessoa triste, frustrada, rancorosa, de difícil relacionamento ou com dificuldades de realização pessoal e profissional, porque não se sente digna de uma vida melhor, a favorita também não está livre de dificuldades. Pode acontecer que, vendo o sofrimento do seu irmão ou da sua irmã, ela sinta muita culpa por ter sido a preferida dos pais. Uma das possibilidades é que não busque sucesso na vida para não aumentar a dor do seu irmão ou irmã preterido na família. Uma explicação do porquê dessa atitude, a nível inconsciente, é que ela deseja ser solidária na dor do irmão ou irmã rival. Outra reação possível é fazer o oposto daquilo que os pais projetavam para ela. Mesmo que tenha excelente inteligência, pode não ter sucesso acadêmico e vir a abandonar os estudos antes da conclusão. A mesma coisa pode suceder na vida profissional. Tudo aquilo que poderia ser promissor e causa de sucesso, permanece num nível mediano, nada de grandes conquistas. Essas atitudes provavelmente manifestam o protesto contra os pais por ter sido elogiado demais perante outras pessoas. Não foi reconhecido e acolhido em suas necessidades de criança, mas, desde cedo, teve que lidar com as projeções de sucesso em seu futuro. Essas reações mostram o quanto o favoritismo e a preterição afetam e condicionam negativamente a vida dos filhos.

As consequências da preterição ou da preferência na vida adulta

Em uma família desajustada, que alimentou a preterição ou a preferência na relação com os filhos, quando estes se tornam adultos, é comum encontrar conflitos relacionais entre irmãos e irmãs em consequência do favoritismo ou da preterição vividos na infância. Às vezes se escutam queixas na família porque um membro segue seu rumo, mantém pouco contato com sua família de origem e pouco se preocupa com ela. Chega a ser acusado de indiferente, irresponsável, egoísta e assim por diante. Expressões como: "ele sempre foi assim", "ela sempre vivia no mundo dela", revelam claramente que eram as preteridas da família. Mas quando na família se fazem comentários negativos sobre o comportamento de quem é preterido, dificilmente se reflete sobre a causa desse comportamento. Isso significaria ter que reconhecer os limites e as fragilidades na relação familiar e as feridas relacionais que permaneceram em seu interior. Por outro lado, os filhos, ainda que já adultos, normalmente acham que desrespeitam os pais se refletirem sobre os tratamentos diferenciados que estes deram aos filhos. Para os que sofreram a preterição, isso significa que durante toda a vida podem se revoltar, ou reprimir e sufocar os sentimentos de frustração e decepção em relação aos pais. Infelizmente, a falta de coragem, segurança e liberdade para dizer e externar esses sentimentos negativos leva, em muitos casos, a problemas e enfermidades físicos. São doenças difíceis de curar. O acompanhamento espiritual e o aconselhamento pastoral podem ajudar a família a reconhecer e a se libertar dos limites e das fragilidades existentes na relação familiar e das feridas relacionais que permaneceram no interior dela, ou, se não tanto, ao menos amenizá-las.

Outra forma de expressar os efeitos negativos do favoritismo familiar é o "eu doente". Sumaia Cabrera, inspirada na "Teoria Multifocal" de Augusto Cury, afirma que o "eu doente" é programado para desenvolver o pior que existe dentro de nós. Podemos não acreditar, mas temos um verdadeiro "inimigo" dentro de nós, que nos conduz a comportamentos indesejados. Ela define o "eu doente" da seguinte forma: "O eu doente, o eu dominado pelos sabotadores ou contratos psíquicos é aquele lado da personalidade que nos leva a cometer os mesmos erros. Leva-nos a reagir de forma inadequada diante de situações corriqueiras da vida ou das situações geradoras de conflitos"[8]. Há uma força interna, o que podemos chamar de sombra ou força negativa, que sempre e de novo se impõe e dificulta a vida, levando a pessoa a fazer aquilo que não deseja fazer. A ajuda profissional é muito útil nestes casos.

A superproteção e suas consequências

Outra atitude negativa dos pais é a superproteção da mãe ou do pai para com os filhos, a qual pode ser resultado da frustração na relação matrimonial. A atenção e o carinho próprios do matrimônio, quando faltam, são transferidos para os filhos. Nesse sentido, a superproteção se torna uma forma, para os genitores, de garantir a atenção e o afeto dos filhos. Isso se chama de "triangulação".

---

8. CABRERA, Sumaia. *Duas vidas, uma escolha*, São Paulo, Academia de Inteligência/Planeta, 2008. Nesse livro a autora descreve e explica a "Teoria da Inteligência Multifocal" de Augusto Cury.

Há uma anomalia relacional. O filho ou filha não é casado com o pai ou a mãe. Esses filhos são como que sufocados e não encontram espaço para viverem sua própria vida. Permanecem na eterna dependência dos pais, mas também os pais seguem dependentes dos filhos. Alimenta-se um amor fusional que impede o filho ou filha de separar-se da mãe ou do pai e assim poder desenvolver a sua própria identidade.

Quando os pais protegem o filho ou filha de tal forma que não encontra espaço para falhar, para cair, para experimentar os limites da vida, dificilmente este ou esta se tornará uma pessoa madura, livre e com iniciativa. Quando os pais superprotegem os filhos, pode ser que se esteja anulando a criatividade e a iniciativa destes, tornando-os pessoas dependentes e frustradas. Todo o potencial dos talentos é sufocado através da superproteção. A superproteção pode ser o resultado da falta de vontade ou incapacidade de a mãe facilitar o processo de separação da criança durante os primeiros 18 meses de vida. Com isso mantém-se a relação de fusão entre mãe e filho. O processo normal é a separação-individuação entre os dois. Os pais que encontram dificuldades em deixar que os filhos possam passar por esse momento de separação-individuação devem ser ajudados a vivenciarem essa experiência, que pode ter como consequência o sofrimento e o sentimento de perda para eles, mas que é fundamental para a relação e uma vida sadia tanto dos pais quanto dos filhos.

Quem experimenta esse tipo relação confusa de amor normalmente encontra dificuldades até em acolher o amor de Deus, pois experimenta o amor como algo perigoso, como uma ameaça que não deixa viver a própria identidade. Essas pessoas devem ser ajudadas a tomar consciência de que o amor de Deus é gratuito, libertador e que não as obriga a uma relação de fusão, de superproteção, que sufoca a potência vital existente nelas. Jesus revela que o amor do Pai quer a vida para todos quando diz: "Eu vim para que todos tenham vida e a tenham em abundância" (Jo 10,10). Essa mensagem de vida plena deve habitar e inspirar o coração profundo de todas as pessoas.

A mesma dinâmica fusional ou de superproteção pode acontecer na vida religiosa consagrada, nos seminários, quando os formadores, para terem a atenção dos formandos e serem por eles elogiados e receberem afeto, superprotegem-nos, tornando-se até invasivos em suas vidas. Esses comportamentos, tais como o favoritismo, a preterição e a superproteção, podem se repetir de geração em geração. A família que se torna vítima dessas dinâmicas necessita de ajuda profissional para se livrar de tais comportamentos equivocados e assim conseguir romper o ciclo vicioso que sufoca e anula a vida, a criatividade e a alegria de viver. Na vida religiosa consagrada ou nos seminários, os formadores que alimentam a superproteção não devem permanecer nessa função. Assim como na família, também na vida consagrada ou comunitária a superproteção causa muito mal e sofrimento. Quem é vítima da superproteção ou do amor fusional encontrará dificuldades em acolher o convite de Jesus: "Eis que estou à porta e bato; se alguém ouvir minha voz e abrir a porta, entrarei em sua casa e cearei com ele e ele comigo" (Ap 3,20). Isso porque seu compromisso ou sua capacidade de amar e de ser atencioso deve estar voltada para os genitores ou formadores.

A família na qual existe um Doador Principal de Amor que é amoroso e competente, acompanhado por um Doador Auxiliar de Amor que se preocupa e o apoia, tem melhor chance de criar crianças emocionalmente bem ajustadas[9].

Portanto, quanto mais os pais compreendem a necessidade de amor dos filhos e são capazes de evitar a fusão, o favoritismo e a preterição, tanto maiores são as chances de que se constitua um ambiente familiar saudável para todos. Os filhos serão capazes de relações

---

9. RABIE-AZOORY, Vera, op. cit., 59.

humanas livres e integradoras. Os pais se sentirão felizes e realizados em sua missão de oferecer aos filhos os meios necessários para que se tornem pessoas realizadas e positivas. Esse ambiente saudável é desejado para todas as famílias. Quando necessário, o aconselhamento pastoral ou a direção espiritual são meios que podem ajudar a superar as causas que tornam o ambiente familiar doentio, evitando assim que nele a força do mal ou as sombras gerem dor e confusão. Os mesmos processos podem acontecer durante a formação na vida religiosa consagrada ou nos seminários que formam os presbíteros.

Direção espiritual ou acompanhamento pastoral

Quando os pais ainda estão vivos, o desafio do acompanhamento espiritual ou do aconselhamento pastoral é ajudar a família a reconhecer os efeitos, muitas vezes devastadores, da preterição ou do favoritismo presentes em seu seio. Merece especial atenção quem faz a experiência da exclusão, da falta de amor, afeto e reconhecimento. Os pais podem ajudar a reverter essa situação. Nos casos em que os pais já não vivem mais, o processo de libertação pode ser mais demorado. As experiências negativas do passado, que se repetiram muitas vezes, e que continuam presentes ao longo da vida da pessoa, podem levar ao que se chama de "contratos psíquicos negativos"[10], tais como: "eu não mereço ser feliz", "não sou capaz", "não mereço viver", "sou uma pessoa inútil", "jamais conseguirei fazer alguma coisa boa", "os outros são melhores", "é melhor eu ficar escondido nas sombras para ninguém ver os meus fracassos". O contrato psíquico faz com que o filho ou filha preterida assuma como reais as mensagens negativas que, repetidamente, receberam dos pais ou outras pessoas importantes em suas vidas. A pessoa que vive numa situação como essa precisa ser acolhida, compreendida, valorizada e ajudada a encontrar as raízes dessas falsas afirmações ou falsos contratos psíquicos. Somente assim ela poderá crescer na vida e tornar-se livre e feliz. Então será capaz de deixar que o amor ajude a curar e a libertar. Moraes afirma que "o amor sempre constrói, curando e

---

10. Petry, Jacob, *Os atrevidos dominam o mundo*, São Paulo, Planeta, 2018, 29. Neste livro Petry apresenta os moldes mentais que se assemelham ao contrato psíquico. Ele os define da seguinte forma: "Nossos moldes mentais [...] definem nossos modos de percepção, isto é, a maneira como percebemos a nós e ao contexto à nossa volta. Os modos de percepção, por sua vez, criam nossos sistemas de comportamentos – que é a maneira como nos comportamos, como agimos no dia a dia. E essa maneira de agir cria nossos resultados" (2018, 22-23).

transformando. Por onde ele passa, deixa forte rastro e marcas positivas"[11].

A linguagem de amor na família

O escritor Gary Chapman[12], a partir de seu trabalho como conselheiro matrimonial, desenvolveu as cinco linguagens do amor que de uma forma ou de outra fazem parte da vida matrimonial, quando não são o coração da vida conjugal. Ele afirma que muitas vezes a relação entre o casal não vai bem porque os dois não descobriram a linguagem do amor que mais ajuda um e outro. Eis como ele descreve as cinco linguagens de amor: *1)* Palavras de afirmação; *2)* Qualidade de tempo; *3)* Receber presentes; *4)* Formas de servir; e *5)* o Toque físico. Segundo Chapman, cada pessoa tem uma dessas cinco linguagens do amor que mais a ajuda a viver bem a vida, a relação familiar e social. Sabemos que a relação

---

11. MORAES, Renate Jost de, op. cit., 221.
12. CHAPMAN, Gary, op. cit. Chapman é pastor da Igreja Batista nos Estados Unidos, professor universitário e escritor. Dedica-se ao aconselhamento matrimonial e se destaca por seu livro *As cinco linguagens do amor*, fruto do seu trabalho como conselheiro matrimonial, o que tem ajudado muitos casais que estavam por separar-se a encontrarem novo sentido à sua vida conjugal.

saudável entre os pais, uma relação de amor e de respeito, marca profundamente a vida dos filhos. Por isso é importante que os pais se conheçam bem e saibam qual é a linguagem do amor que mais os ajuda na relação matrimonial e familiar. Da mesma forma, a relação com os filhos deve ser alimentada com a linguagem de amor que mais os atenda em suas necessidades de serem amados. Não adianta comprar os presentes mais bonitos e mais caros para o filho ou filha se o que se espera é qualidade de tempo e presença dos pais. Portanto, para uma família ser ajustada e integrada, descobrir a forma como cada membro vive melhor o ser amado é essencial. Essa é a missão dos pais, pois os filhos pequenos ainda não estão em condições de compreender o funcionamento da linguagem do amor.

A linguagem do amor na relação com Deus

Assim como uma família ajustada, integrada e feliz é movida pela linguagem do amor, assim deve ser a nossa relação com Deus. Sabemos que Deus é amor e que nos ama incondicionalmente. No entanto, incontáveis pessoas encontram dificuldades em sentir esse amor de Deus em suas vidas. À luz das cinco linguagens do amor vistas acima, se observarmos a manifestação de

PONTO DE PARTIDA: A FAMÍLIA

Deus no Antigo Testamento ou o modo de ser e se relacionar de Jesus com as pessoas no Novo Testamento, facilmente podemos identificá-las na relação de Deus com a humanidade e com cada pessoa individualmente. Cabe a cada um descobrir qual a forma de amor que Deus usa na sua relação consigo. Apenas para ilustrar com uma passagem bíblica. Em Oseias 11,2-4 encontramos a manifestação do amor de Deus através do toque físico. Assim fala o Senhor:

> Mas, quanto mais os chamei, mais se afastaram; ofereceram sacrifícios aos Baais e queimaram ofertas aos ídolos. Eu, entretanto, ensinava Efraim a andar, tomava-o nos meus braços, mas não compreenderam que eu cuidava deles. Segurava-os com laços humanos, com laços de amor; fui para eles como o que tira da boca uma rédea, e dei-lhes alimento.

Essa forma terna e carinhosa da manifestação de Deus se revelar mostra que o toque físico é a linguagem do amor. Na vida de Jesus, na sua relação com o Pai, podemos perceber que a qualidade de tempo era importante para o Filho. "E ocorreu naquela ocasião que Jesus se retirou para um monte a fim de orar, e passou toda a noite em oração a Deus" (Lc 6,12). Jesus passava longas horas em silêncio para compreender e acolher a vontade do Pai em sua vida.

A memória afetiva da família

A história de cada pessoa não começa na idade adulta. Todos carregam consigo a "marca registrada" da história familiar, da acolhida ou rejeição dos pais. Trazemos uma memória afetiva marcada por experiências positivas e negativas. Cada pessoa é registrada pela identidade familiar e olha o mundo com o referencial familiar. Ao longo do primeiro ano de vida a criança escolhe entre os pais ou outras pessoas próximas aquele que lhe será Doador Principal de Amor, e aquele outro que lhe será Doador Auxiliar de Amor. Já sabemos que normalmente a escolha é feita de acordo com a qualidade da presença carinhosa e afetiva dos pais durante os primeiros meses de vida da criança. Para ela, o amor, o aconchego, a ternura e o carinho dos pais são essenciais, são necessidades básicas, para sobreviver e tornar-se uma pessoa saudável. Além disso, a presença dos pais também significa segurança e acolhida. Soma-se a tudo isso a importância da união entre os pais, que faz com que a criança se sinta amada e desejada.

PONTO DE PARTIDA: A FAMÍLIA

Ambiente familiar saudável

O ambiente familiar marca a vida da criança desde o momento em que ela foi concebida. Quando os pais são felizes e esperam com alegria o nascimento da criança, ela sente que é bem-vinda e para ela isso significa que é amada. Esse ambiente afetivo saudável pode favorecer um período de gravidez mais tranquilo para a mãe e o bebê. Em situações de gravidez não desejada, a criança capta ou entende que a sua presença é um problema para os pais. Quando os pais não conseguem transformar suas reações negativas em atitudes acolhedoras e carinhosas, o feto pode não querer viver, se fecha, sente-se abandonado e não merecedor do amor. Outra situação que provoca muita confusão na vida da criança se dá quando a sua orientação sexual não é bem acolhida pelos pais. Outra experiência traumática na vida da criança acontece quando, por diversas razões, os pais decidem doá-la a outros ou deixar que os avós ou pessoas próximas cuidem dela durante os primeiros anos de vida. Mesmo que os pais façam isso com a intenção de ajudar a criança, ela normalmente o sente como uma rejeição, como não sendo amada e desejada por eles. Estes são simples exemplos que ajudam a compreender o quanto é importante na formação da personalidade da criança um ambiente familiar saudável, integrado, afetivo, amoroso e acolhedor.

O ambiente familiar que afeta negativamente a personalidade da criança

Renate Jost de Moraes faz uma afirmação que merece ser refletida e compreendida. Segundo ela, há dois problemas básicos que podem afetar e perturbar a personalidade e a saúde psicossomática da criança e, consequentemente, do adulto: "A rejeição, consciente ou inconsciente, da criança, principalmente na fase de sua gestação, e o desajustamento conjugal dos pais dessa criança"[13]. A partir daí, ela defende que as demais fragilidades emocionais são majoritariamente consequências desses dois problemas. Destaca-se aqui a importância que a relação saudável, carinhosa e amorosa entre os pais tem na vida da criança mesmo antes de seu nascimento. Quando os pais são unidos, se respeitam, se amam e são carinhosos entre si, a criança sente-se segura e amada. Ela pode até achar que os pais se amam e vivem unidos por causa dela. Mas o inverso também é verdadeiro. Toda vez que sente e vê que os pais se agridem, a criança se sente agredida, insegura e pode acreditar que seja a causa da dificuldade relacional entre eles. Nos casos em que os pais se separam ou vivem separados debaixo do mesmo teto, isso pode provocar

---

13. MORAES, Renate Jost de, op. cit., 189.

uma cisão na vida do feto em desenvolvimento. Ele não sabe com quem ficar, pois os dois, pai e mãe, são fundamentais para a sua vida e sua segurança.

Quando a criança não é desejada pelos pais

Outro problema que gera muita confusão e sofrimento para a criança é a rejeição: sentir-se não desejada, ou ainda sentir que os pais esperavam uma menina e nasceu um menino, e vice-versa. A criança procura adaptar-se à vontade dos pais. Nesse caso, essa adaptação pode dar início à confusão de identidade ou orientação sexual. Acontece uma violência na vida da criança. Ela não consegue se desenvolver naturalmente, segundo sua própria condição. Sente-se forçada, de forma não consciente, a "mudar o leito natural do rio". Com isso ela passa a vida caminhando na direção oposta à sua natureza ou identidade. E isso torna a vida pesada, difícil, podendo levar a uma tristeza profunda, à apatia e à falta de sentido para a vida. Essas pessoas são sujeitas a adoecerem com mais facilidade, a ter problemas emocionais e depressão. Se os pais tivessem mais equilíbrio emocional, se tivessem mais consciência de sua missão de pais e da importância deles na vida da criança, fariam de tudo para manter um ambiente saudável, positivo, sereno e acolhedor na família. O problema é que muitas vezes eles mesmos estão marcados por uma história traumática e por isso não são capazes de criar e manter este ambiente que não conheceram na sua infância.

É a qualidade dos laços afetivos criados no convívio familiar durante a infância que configura o modo pessoal de relacionamento na mente da criança, que tenderá a repeti-la e a recriá-la ao longo de seu desenvolvimento, em diversas circunstâncias e em diferentes cenários. Durante este período de desenvolvimento, ela adquire os traços fundamentais do seu modo de ser e agir posteriormente. Ao longo de sua vida ela tende a repetir, na relação com os outros, essas características familiares que marcaram a sua vida, o seu coração profundo. Muitas vezes, no acompanhamento espiritual ou no aconselhamento pastoral, é preciso revisitar a infância, seja para reviver as experiências positivas, seja para tomar consciência das marcas negativas, da sombra que o contexto familiar foi colocando na vida da criança. Assim, o reconhecimento da memória afetiva positiva ajudará a superar as dificuldades atuais e a tomada de consciência da memória afetiva negativa. Contemplar o passado à luz da misericórdia divina reforça os aspectos positivos e ajuda a amenizar as feridas para que não continuem condicionando a vida presente.

PONTO DE PARTIDA: A FAMÍLIA

Presença afetiva e amorosa dos pais

A criança que experimenta a presença afetiva e amorosa dos pais tende a se tornar uma pessoa positiva e autoconfiante, suficientemente equilibrada para desenvolver relações sadias com os demais, consigo mesma e com a Criação. Por outro lado, a criança que faz a amarga experiência de ser preterida, de ser rejeitada, ou que encontra um ambiente familiar hostil e doentio, não consegue internalizar uma base sadia e positiva de vida. Ela terá grandes chances de se tornar uma pessoa com dificuldades no relacionamento com os outros, incapaz de confiar em si mesma, e, se desejar viver a vida com alegria, criatividade e leveza, dificilmente conseguirá ir além do desejo. Sempre carregará um peso, a falta de algo essencial, a não completude humano-espiritual. Corre igualmente o risco de se tornar uma pessoa emocionalmente desequilibrada e isolada.

As crianças que nascem e crescem numa família sadia, acolhedora, carinhosa e amorosa, tem grandes possibilidades de se tornarem pessoas sadias, criativas, alegres e com capacidades fantásticas de se relacionarem com outras pessoas. Normalmente elas também têm mais possibilidades de desenvolver seus talentos e ter sucesso profissional, porque tendem a confiar mais em si mesmas e nos outros e dispõem de capacidades ou marcas pessoais que facilitam a relação com os demais.

Internalizar a imagem positiva da mãe

A criança que consegue internalizar a imagem positiva da mãe ou do Doador Principal de Amor tem a base essencial para desenvolver relações sadias e para experimentar a solidão. Esse processo normalmente se conclui nos primeiros 18 meses de vida. A capacidade de ficar só está relacionada com a maturidade emocional. Ser capaz de ficar só e ter autonomia é ter uma "espinha dorsal" que mantém a pessoa em pé diante dos outros e das situações difíceis. Quando a internalização da imagem positiva acontece, a criança será capaz de entreter-se com seus brinquedos, próxima da mãe ou do DPA, sem chamar a atenção o tempo todo. Uma vez que a imagem positiva foi internalizada, ela ajudará a criança a experimentar e a elaborar, sem grandes traumas e medos, o processo de separação-individuação, pois ela leva consigo os elementos essenciais para seguir o caminho de vida que Deus pensou para ela, sem permanecer na eterna dependência dos pais ou de outras pessoas significativas em sua vida.

Separação-individuação

A separação-individuação não depende somente dos filhos, mas também dos pais e, principalmente da mãe. Pode acontecer que a mãe ou o DPA não consigam desligar-se da criança e passem a externar uma atitude de superproteção ou de codependência, como já vimos anteriormente. Em tais situações, é preciso evitar toda e qualquer experiência que possa causar um pouco de dor ou frustração na criança. Consequentemente, a criança torna-se refém da pessoa superprotetora e, por consequência, não desenvolve a capacidade de lidar e conviver com situações de tensão, de frustração, de desafio e mesmo de perigo. Ela se torna uma pessoa insegura, sem iniciativas e tende a viver sempre na dependência de outros. Passará a vida buscando um "padrinho" ou uma "madrinha" que a proteja. Procura agradar, ajudar e salvar os outros constantemente. Quando não recebe o afeto e atenção desejada, julga os outros como injustos, insensíveis e indiferentes. "Me sacrifico tanto pelos demais, mas eles não reconhecem meu esforço nem o tempo que lhes dediquei". Sua tendência é fazer com que os outros se tornem dependentes dela para assim receber, por um preço emocional alto, a atenção e o afeto.

Sabemos que cada pessoa traz consigo as marcas adquiridas ao longo de toda a sua vida, desde a concepção. As experiências positivas de amor, de ternura, de afeto, de acolhida, de apoio e de encorajamento formam a dimensão positiva da personalidade. Esta dimensão pode ser interpretada como a presença da luz na vida, ou seja, ao longo de sua vida, a criança terá boas condições para um relacionamento saudável com Deus, que é a fonte da Luz. Por outro lado, todas as marcas negativas, como a falta de amor, de acolhida, a rejeição, a condenação, a proibição, o não ser desejado pelos pais, vão instalando a sombra no coração profundo. Na vida adulta cabe a cada pessoa esforçar-se para diminuir a sombra no coração profundo. E isso normalmente acontece através do auxílio ou colaboração de outras pessoas.

O amor de Deus cura e liberta

Em muitos casos, para que a Luz divina possa ocupar e iluminar o coração profundo, são essenciais a ajuda profissional e espiritual. A vida espiritual que se inspira em Jesus Cristo, Luz do Mundo, que revelou a misericórdia e a compaixão do Pai, ajuda e dá forças para enfraquecer as trevas e aumentar a Luz na vida das pessoas.

Esse processo vai ao encontro daquilo que rezamos em João 10,10: "Eu vim para que todos tenham vida e a tenham em abundância". A pessoa que se inspira em Jesus e atinge a maturidade cristã encontra no amor do Pai, no mistério de Cristo e na própria interioridade – no eu profundo –, a fonte de confiança, de segurança e de aceitação de si mesma. Tudo isso a leva a contemplar com esperança evangélica o presente e o futuro. Ela pode repetir com Paulo "sei em quem depositei a minha fé" (2Tm 1,12). Além de fazer a experiência de sentir-se amada e por isso plenificada na vida, ela se torna instrumento do amor e da luz de Deus para os outros.

Para viver em abundância a vida oferecida por Deus, em muitos casos é preciso reconhecer e dar nome às sombras instaladas desde a infância no coração profundo. E nessa dimensão, o amor presente ou ausente dos pais faz toda a diferença. É verdade que "amor" pode ser doentio, exagerado, e até instigar atitudes de superproteção, não deixando espaço para o desenvolvimento normal dos filhos. Mas nesse caso não se trata de verdadeiro amor, mas sim de uma relação afetiva desequilibrada, carente ou doente.

No processo terapêutico ou de aconselhamento pastoral, e, quando é o caso, também com a ajuda do acompanhamento espiritual, uma vez criado o clima de confiança com a pessoa acompanhada, é essencial animá-la e apoiá-la a fazer uma "caminhada" pela história de sua vida à luz do amor e da misericórdia de Deus, pois a maior parte dos conflitos e traumas se instalam na vida da pessoa durante a infância. Tais traumas ou sombras normalmente levam a pessoa a olhar para os pais ou outras pessoas significativas em sua história como pessoas ruins e que a prejudicaram muito. Poucas vezes a dor interna adquirida na infância permite ao filho ou à filha compreender que também os pais trazem uma memória afetiva ferida e fragilizada. A criança de fato não tem condições de reconhecer isso, mas a pessoa adulta deve ser ajudada a adquirir essa consciência em relação aos outros, e, assim, em um processo de perdão e reconciliação com aqueles que não foram capazes de amá-la como teria sido "ideal", vir a se libertar melhor das sombras que são fruto da fragilidade humana.

No acompanhamento espiritual, é fundamental ajudar a pessoa ferida a fazer a experiência do amor e da misericórdia de Deus. Se ela transfere a experiência negativa vivida com os pais para Deus e por isso carrega consigo a imagem de Deus Pai como quem a menospreza, rejeita, castiga, convém ajudá-la a purificar essa imagem que nasce da experiência de sofrimento em relação ao pai. Somente assim a pessoa será capaz de sentir-se amada e acolhida pelo Pai Misericordioso. Para algumas pessoas ajuda a mediação da ternura de Maria,

PONTO DE PARTIDA: A FAMÍLIA

a presença de Jesus como irmão e amigo ou ainda o rosto materno de Deus de acordo com algumas passagens bíblicas, tais como Isaías 41 e 61, o Salmo 131 e Mateus 26,37. Para outras, um exercício de contemplação, como, por exemplo, Jesus perdoando e libertando pessoas de suas sombras e sofrimentos pode ser libertador para elas também. Pode ser de grande ajuda contemplar Jesus que se aproxima delas para abraçá-las e libertar seu coração das feridas e sofrimentos, ou contemplar Jesus lavando o seu coração, tirando toda sorte de morte, de destruição e assim devolvendo-lhes um coração novo, abençoado, iluminado e pleno de amor e ternura divina.

"Eu vos darei um coração novo e em vós porei um espírito novo; tirarei do vosso peito o coração de pedra e vos darei um coração de carne" (Ez 36,26). É esse coração novo que Jesus dá para todos que se aproximam dele e que deixam que ele os abençoe e os ame. É com esse coração novo que seremos capazes de amar, perdoar, servir e viver com alegria e esperança o dom da vida recebido de Deus e que a Deus pertence.

> *Para refletir e aprofundar*
>
> Em clima de silêncio e de paz, escute as moções e as vozes internas que orientam a sua vida. Veja quem

era o Doador Principal de Amor em sua vida e quais linguagens de amor predominavam em sua família. Agradeça por todas as memórias afetivas positivas que fazem parte de sua família e de sua vida pessoal. Peça a Deus que ajude a sanar as memórias afetivas negativas e as feridas que também fazem parte da vida familiar. Como você pode contribuir no processo de cura e reconciliação na família?

Na Bíblia encontramos passagens que falam sobre o favoritismo familiar e ao mesmo tempo como a graça de Deus ajudou a olhar para além dos problemas familiares e fez de algumas pessoas preteridas na família personagens significativas na história do povo de Deus. Veja-se: Gênesis 4, a história de Caim e Abel; Gênesis 27, a história de Esaú e Jacó; Gênesis 37, a história de José e seus irmãos.

3

O SER HUMANO NÃO É PERFEITO

> Os elementos mais raros em uma sociedade da escassez
> são a disposição para assumir nossa vulnerabilidade
> e a capacidade de abraçar o mundo a partir
> da autovalorização e do merecimento[1].

Neste capítulo a reflexão se volta para o desafio de acolher a realidade de não sermos perfeitos. A descrição sobre a família que vimos no capítulo anterior mostra que muitas experiências familiares reforçam a sensação de não ser bom o suficiente e deixam marcas negativas na personalidade da pessoa. Veremos que a sensação do nunca ser bom o suficiente, ou do nunca ter o suficiente, condiciona as pessoas a agirem de um modo

---

1. BROWN, Brené, *A coragem de ser imperfeito*, Rio de Janeiro, Sextante, 2013, 23. Nesse livro a autora reflete sobre a ousadia e a coragem de assumir que não somos perfeitos. É ousadia e coragem porque vivemos numa sociedade que exige a perfeição e tem dificuldades em acolher os limites. Essa perfeição é cobrada na vida profissional, na relação social e na vida espiritual e religiosa, resultando em muitas consequências negativas na vida das pessoas.

que não chegam a sentir-se satisfeitas com o que fazem ou com aquilo que possuem. Refletiremos também sobre a necessidade de saber conviver com a vulnerabilidade, com a imperfeição, como lidar com a vergonha, com a presença da onipotência, do orgulho e do perfeccionismo. Finalmente, para compreender e saber lidar com toda esta realidade, recorremos à "Teoria da Inteligência Positiva". Esta oferece técnicas e formas de agir que ajudam a integrar os problemas apresentados acima.

Nunca ser bom o suficiente. Nunca ter o suficiente.

Um aspecto desesperador para muitas pessoas na sociedade hodierna é a sensação de nunca ser bom o suficiente. A autora Brené Brown, em seu livro *A coragem de ser imperfeito*, apresenta uma lista de situações relativas ao "nunca ser". Eis algumas dessas expressões, que talvez muitos de nós estejamos enfrentando em nossa vida: "Nunca ser bom o bastante; nunca ser perfeito o bastante; nunca ser magro o bastante; nunca ser poderoso o bastante; nunca ser inteligente o bastante; nunca ser correto o bastante; nunca ser extraordinário o bastante"[2]. A estes pode-se acrescentar: nunca ter dinheiro o

---

2. Ibid., 21.

bastante; nunca ser reconhecido e aplaudido o bastante; nunca estar contente com aquilo que possuo; nunca me acolher assim como sou e nunca corresponder com as expectativas dos outros.

"Os outros" podem exigir sempre mais, a tal ponto que a pessoa se sente sufocada e não valorizada em suas qualidades e virtudes, mas avaliada apenas a partir dos seus limites. Viver condicionado ao "nunca ser" faz com que a pessoa procure corresponder às expectativas externas, àquilo que os outros pensam e esperam dela. Este modo de proceder é um grande equívoco, pois leva a pessoa a negligenciar a sua verdadeira identidade, quem realmente se é, e, por isso, encontrar sentido para a vida se torna uma tarefa difícil. As pessoas que carregam consigo a "doença" do "nunca ser" vivem como se sempre faltasse algo, experimentam um vazio na vida e por isso não experimentam a alegria, a satisfação e a gratidão.

Da mesma forma que a pessoa se defronta com o não ser bom o suficiente, ela também faz a experiência de outras faltas, outra escassez ou ausência. A sensação da falta e a necessidade de ter mais ou aproveitar mais pode se dar em diferentes dimensões da vida. Por mais que a pessoa tenha trabalhado bem, desfrutado a presença de pessoas amigas e saudáveis, contemplado o encanto da natureza, a beleza de obras de arte etc., sempre fica a sensação da falta, de que podia ou deveria ter feito mais ou aproveitado mais. Na vida social, desejaria mais festa, mais encontros, mais eventos. Na vida religiosa-espiritual sente necessidade de rezar mais, de ir mais ao encontro dos outros, servir mais, doar-se mais, contudo, mesmo que o faça, nunca se sente feliz e realizada. Na relação de amizade, pode chegar a ser dependente, exigindo sempre mais atenção, afeto e presença. Assim sucede em outras dimensões da vida. Tudo o que se faz deve ser com intensidade, de forma obsessiva ou compulsiva, e, contudo, a satisfação, o sentir-se bem e o contentamento não acontecem. Sua vida se torna voraz e vazia, uma vida com a ausência de sentido. O sistema de vida capitalista, consumista, de produção acelerada e de oferta quase infinita de bens que rege o Ocidente exacerba esses sentimentos de não ser bom o suficiente, de falta e de ausência. Tudo tem que ser pleno, completo e perfeito. Não se pode pensar na vulnerabilidade e na imperfeição.

Conviver com a vulnerabilidade

Além do sofrimento gerado pela sensação da escassez e do não ser bom o suficiente, a convivência com a vulnerabilidade, com a fragilidade e com o não ser perfeito é outra fonte de dor, de medo e de frustração para muitas pessoas. A vulnerabilidade, assim como outros sentimentos de medo, de insegurança, de aflição e de "incompetência" levam a pessoa a sentir-se rejeitada, não reconhecida e excluída do mundo do trabalho, da vida social e da vida religiosa-eclesial. A sociedade que tem o sucesso como critério para reconhecer os valores da pessoa, não sabe como conviver com quem se reconhece frágil e vulnerável. Infelizmente, o critério do sucesso, do fazer muitas coisas, também é muito apreciado na Igreja e na vida religiosa consagrada. É bom religioso, boa religiosa ou bom padre quem produz muito e é capaz de assumir várias tarefas ao mesmo tempo. O espírito da produção em massa conseguiu minar, discretamente, também a vida espiritual, religiosa e cristã. Experiências como a gratuidade, o "perder tempo com e a favor de outros", a disponibilidade e a generosidade, fundamentais no seguimento a Jesus Cristo, estão sendo substituídas – se já não o foram – pela dinâmica da produção, do fazer e do sucesso profissional e religioso.

Vulnerabilidade e confiança

John Powell[3] escreveu um livro com o título *Por que tenho medo de lhe dizer quem sou?*. Esta é uma pergunta

---

3. POWELL, John, *Por que tenho medo de lhe dizer quem sou?*, Belo Horizonte, Crescer, 29 2012. Powell foi padre jesuíta, psicólogo

intrigante. De fato, dizer a outrem quem sou não é simples assim. Para Powell, tenho medo de dizer quem sou quando não conheço a pessoa, ou então, mesmo se a conheço e confiança nela, ainda assim tenho medo porque não sei o que ela fará com aquilo que lhe revelei ou penso em revelar sobre a minha vida, isto é, minhas fragilidades e vulnerabilidades. Segundo Brené Brown, "experimentar a vulnerabilidade não é uma escolha – a única escolha que temos é como vamos reagir quando formos confrontados com a incerteza, o risco e a exposição emocional"[4]. Ter coragem de ser vulnerável não significa que tenho que gritar em alta voz para todas as pessoas que sou vulnerável, limitado, frágil e que preciso de ajuda e atenção. Brown defende que vale a pena correr o risco e reconhecer a própria vulnerabilidade junto daquelas pessoas de confiança. A pessoa que consegue viver um bom nível de liberdade interior, mesmo sabendo-se limitada e frágil, aposta nas suas qualidades, nos seus dons e talentos, e os partilha com os demais. Esta atitude a ajuda a confiar nos outros e a não temer as possíveis críticas e inclusive reações negativas, como o julgamento e o desprezo. Reconhecer, acolher e conviver

---

e professor na Loyola University Chicago. Toda a sua obra está voltada para a integração humana e a vivência da fé cristã. Dentre seus muitos livros, destaco *O segredo do amor eterno*.

4. BROWN, Brené, op. cit., 31.

com os limites pessoais e com a própria vulnerabilidade torna a pessoa mais forte e apta para viver uma vida saudável e generosa, de colaboração e de cuidado.

A coragem de acolher a própria fragilidade torna-se ainda mais saudável quando há confiança no amor, na paciência e na misericórdia de Deus revelados por Jesus Cristo. Quem confia em Jesus Cristo, desenvolve uma relação de profunda confiança e familiaridade com ele. Diante do Senhor aprende-se a se despojar totalmente, sem medo ou vergonha, porque sabe que é amado, acolhido, compreendido e perdoado na sua condição de ser frágil e vulnerável. O amor misericordioso de Deus transforma essa pessoa em nova criatura, tira seu coração de pedra e coloca um coração de carne (Ez 36,26). O coração novo está aberto para que o Espírito do Senhor possa conduzi-lo pelos caminhos que Deus pensou para cada um dos seus filhos no ato da Criação. O coração novo também os leva ao encontro dos outros, mas com simplicidade, confiança e generosidade. Da mesma forma, o coração novo, cheio do amor e da ternura de Deus conduz à integração cada vez maior com toda a Criação.

Vulnerabilidade e vergonha

Para acolher e integrar a vulnerabilidade na vida é preciso não ter vergonha doentia ou mesmo tentar esconder a vulnerabilidade, a fragilidade, o não saber tudo, mas ter a humildade em admitir os próprios limites e fraquezas. Assim como a força do mal tende a camuflar ou esconder a Luz que habita em cada pessoa, assim a vergonha doentia esconde a fragilidade. Brené Brown afirma que "somente quando temos coragem suficiente para explorar a escuridão, [é que] descobrimos o poder infinito da nossa luz"[5]. A mesma autora diz que o contato com a nossa própria vergonha é essencial para abraçar a vulnerabilidade. A falta total de vergonha pode ser perigosa e pode levar a pessoa a não ter limites na relação com outras pessoas. A vergonha saudável, se assim se pode dizer, é importante porque ajuda a equilibrar os impulsos. Dessa forma, evita criar situações constrangedoras e desagradáveis na sociedade, na comunidade, na família e na relação com toda a Criação. Ao mesmo tempo permite que a pessoa viva com leveza, alegria e criatividade o fluxo da vida.

A maioria das pessoas recebe como herança cultural a mensagem de que a vulnerabilidade deve ser evitada. Parece ruim ter limites e fragilidades. A mensagem central que desde a infância ouvimos muitas vezes é que devemos ser fortes, perfeitos, ilimitados, ter sucesso, ser reconhecidos pelas qualidades e fortalezas que

---

5. Ibid., 40.

possuímos e por aquilo que produzimos na vida. Trata-se da cultura do sucesso, da produção, do fazer, do não poder falhar e muito menos reconhecer os próprios limites. Essa mensagem não se preocupa com o alto preço emocional que as pessoas pagam ao tentar corresponder a essas exigências. Quem se torna prisioneiro desse modo de agir perde a liberdade, a autoestima e a autoconfiança, porque se sente avaliado e valorizado pelo que produz ou deixa de produzir, e não por aquilo que é em sua dignidade humana. As consequências desse comportamento são o estresse, a frustração, a depressão, o consumo de drogas, os vários tipos de dependências, e a sensação de que se deve fazer sempre mais, pois nunca se faz o suficiente ou se é bom o suficiente. Tudo isso leva à falta de sentido de vida, ao vazio existencial, à falta de esperança em relação ao presente e ao futuro.

Origens da vergonha

A experiência da vergonha pode surgir na família, na escola, entre amigos ou no meio social em que se vive. Quando uma criança escuta dos pais que deve evitar lugares públicos, que deve ficar calada porque os outros são melhores, sabem mais e merecem mais porque tem melhores condições de vida, esta criança será uma forte candidata a ser dominada pela vergonha. Isso também sucede quando ela faz a experiência de ser humilhada em público por aquilo que fez ou por ter falhado. Assim, envergonhada, ela tende a enterrar seus talentos e suas capacidades porque passa a acreditar que os outros são melhores que ela. Na sua vida adulta, sem a ajuda de amigos, profissionais e pessoas de confiança, dificilmente ela terá condições de acolher a sua imperfeição e, ao mesmo tempo, desenvolver bem seus talentos naturais. Portanto, é forte candidata a deixar que a vergonha e o sentimento de culpa sufoquem e enterrem seus dons, que a imagem negativa que tem de si mesma anule inclusive o reconhecimento da sua dignidade humana. Essas pessoas tendem a isolar-se, a fechar-se no seu mundo complexado e machucado.

Não alimentar a vergonha e o sentimento de culpa

Alimentar a vergonha e o sentimento de culpa prejudica o processo de amadurecimento humano. É, contudo, saudável reconhecer que todos somos falíveis, e que ninguém é perfeito. Por isso, envergonhar-se por causa dos próprios limites e alimentar o sentimento de culpa por não ser perfeito reforça a sombra no coração profundo. Na vida de muitas pessoas, mesmo na daquelas que dizem ter fé em Jesus Cristo, movidas pela vergonha exagerada, a tendência é corresponder com os preconceitos e as exigências sociais que reforçam a dimensão negativa em suas vidas. Isso faz com que não consigam confiar-se à misericórdia e ao perdão de Deus, que liberta e devolve dignidade à vida.

Esse comportamento é intrigante, pois parece que a opção pelas trevas, por aquilo que impede de viver a vida com leveza e com alegria, tem mais força que a própria Luz, a vida nova que encontramos em Jesus Cristo. Viver na sombra significa manter escondidos os segredos e as experiências negativas da vida. Significa também passar a culpa para os outros em vez de assumir as próprias fraquezas.

Outra consequência negativa e perigosa é o isolamento, o evitar o contato com outros com a ilusão ou falsa esperança de que ninguém saberá dos meus limites e fragilidades. Dessa forma, a Luz da vida que se encontra em cada pessoa perde seu brilho, e o sentido da vida acaba sendo substituído pelas forças negativas que exaltam a morte e as sombras. Coexistem dois mundos paralelos. Um é o desejo de viver bem a vida, de corresponder com o projeto do Criador, e o outro é a força negativa, da autoanulação, do mundo sombrio e tenebroso, que sufoca a vertente da vida que habita no coração profundo.

A vergonha doentia impede o crescimento e a integração da pessoa

A vergonha doentia limita a pessoa, impede-a de desenvolver melhor seus talentos e de os colocar a serviço da vida. A vergonha doentia normalmente está relacionada com a autoimagem que a pessoa tem de si e, em muitos casos, pode ser uma marca da família, sendo transmitida de uma geração para outra, como uma característica hereditária. Se o sentimento de vergonha surge porque a própria família percebe as outras como melhores, com menos problemas, com mais dignidade porque têm melhores recursos materiais, essa compreensão se converte em um contrato psíquico familiar e as consequências serão sempre muito negativas: complexo de inferioridade, afastamento social, sentimento de não merecimento, de não ser bons o suficiente, de que os outros sabem mais, são mais inteligentes, são superiores e ou mais importantes. Tais consequências são letais ao fluxo da vida existente em cada pessoa porque o atrofiam e anulam. A pessoa vai esmorecendo e a energia vital vai gradativamente evanescendo. Essa morte gradativa impede o desenvolvimento dos talentos e do dom da vida. Quem vive essa dinâmica não consegue sonhar com um futuro melhor ou se sentir merecedor de algo melhor, mais digno e realizador. Para quebrar tal círculo vicioso dentro da família, a partilha com outros, a ajuda profissional e a coragem de expressar os sentimentos de vergonha tornam-se um caminho necessário. O aconselhamento pastoral ajuda essas pessoas a visitarem o passado e, conhecendo ou descobrindo as fontes ou as causas da vergonha que vem anulando a sua vida, ajuda também a ressignificar tais experiências, dando-lhes o seu devido peso e valor. Já o acompanhamento espiritual ajuda-as a fazer essa jornada à luz do amor e da misericórdia de Deus.

A pessoa que é dominada pela vergonha estará em contínuo conflito com o meio social que demanda a perfeição e a não vulnerabilidade. Uma sociedade que exige dos indivíduos excelência e perfeição para serem reconhecidos e valorizados trata de esconder ou ignorar que o limite, a fragilidade e a vulnerabilidade fazem parte da vida humana. Exige-se uma postura de aparência, de mentira, pois todas as pessoas experimentam certa dose de vergonha pelas suas limitações e falhas. Nessas situações, a dimensão emocional normalmente é muito afetada. Sentimentos de inferioridade, de frustração, de desencanto, de tristeza, de revolta, de raiva e de depressão podem inclusive comprometer a saúde física, pois ignorar ou reprimir a imperfeição significa impor ao corpo físico muita tensão e um consumo de energia muito alto para deixar aos demais a impressão de que está tudo bem. Dessa forma, lentamente, a Luz da vida vai se apagando em vez de crescer, florescer e brilhar em favor da vida.

A onipotência

O oposto da vergonha doentia é a ausência de qualquer sentimento de vergonha e a incapacidade de reconhecer os limites pessoais ou a imperfeição. Pessoas com esse tipo de comportamento onipotente tendem a ser narcisistas, consideram-se superiores às demais e não são capazes de reconhecer suas fragilidades e limites. Em seu livro *Volte à Vida!*, Simone Pacot apresenta alguns princípios que ela chama de "leis da vida". Na segunda dessas leis a autora reflete sobre o pecado da onipotência e faz a seguinte reflexão para ajudar a cada um a permanecer no seu devido lugar: "Você foi criado, você não é Deus, somente Deus é Deus. Você é filho de Deus. Foi criado e amado dentro dos limites próprios a todo ser humano, a tudo aquilo que tomou forma; aceite a condição de criatura em todas as suas dimensões. Não cobice a divindade"[6]. O pecado da onipotência é a não aceitação ou a negação dos limites próprios da condição

---

6. Ibid., 20.

O SER HUMANO NÃO É PERFEITO

humana no desejo de alcançar o que não se é, tornar-se deus. Por isso o fruto proibido de Gênesis 3,5 ("e sereis como Deus") se torna tão atraente. Ele não satisfaz apenas a fome, mas apresenta a expectativa de que, ao ser comido, nos fará ilimitados, como Deus. A ilusão de ultrapassar a fronteira, para encontrar a felicidade plena resulta em frustração e na falta de uma relação livre e espontânea com o Deus Criador e com o próximo.

Imperfeição e perfeição

De alguma forma, todas as pessoas – alguns mais do que outros – são marcadas pelo desejo da perfeição. Esse desejo, contudo, dificulta o reconhecimento e a acolhida da imperfeição. Na vivência cotidiana, a pessoa que é dominada pelo desejo da perfeição produz muito pouco e muitas vezes deixa atrofiar seus talentos. Ela ousa somente dar seus passos quando se sente segura de que não haverá falha ou que a chance de falhar seja a mínima possível. Vamos exemplificar isso com o estudo de uma nova língua. O perfeccionista, enquanto estuda um novo idioma, tende a falar somente quando tem certeza de que não há nenhum erro gramatical ou de pronúncia naquilo que quer expressar. Assim, ela tende a se expressar pouco e, normalmente, leva bem mais tempo para aprender a se comunicar na nova língua, enquanto outros, que não têm medo de errar, que arriscam falar e acolher as correções necessárias, conseguem se comunicar com menos tempo de estudo. Enquanto o perfeccionista espera pelo momento de não falhar, que dificilmente aparecerá, o tempo e as oportunidades da vida passam.

O desejo de ser perfeito pode aumentar o sentimento de vergonha, pois não pode falhar, mas falha, e assim se vai desencadeando uma dinâmica negativa na vida. Aqui entram em ação os sabotadores que veremos logo abaixo.

Além de não conseguir colocar os seus talentos para bem comum ou a serviço da vida, quem aposta na perfeição é candidato a desenvolver uma baixa autoestima e a desanimar ao longo do caminho. O resultado pode ser o sentimento de fracasso, a atrofia e o não desenvolvimento dos talentos recebidos. As exigências da qualidade máxima, de produção máxima com o objetivo de receber reconhecimento na sociedade, tornam-se um veneno muito perigoso na vida de quem é perfeccionista.

Origem do perfeccionismo

A criança, nos seus primeiros anos de vida, é livre e não está condicionada à ideia de ser perfeita. Gradativamente, com a educação que recebe na família,

O SER HUMANO NÃO É PERFEITO

na escola, na igreja e na sociedade em geral, ela aprende a classificar as coisas e as atitudes como boas e não boas. Ela percebe que é aprovada quando faz "as coisas boas" e reprovada quando faz "coisas não boas", sempre conforme a visão daquelas pessoas que a educam. Se a cobrança dos pais ou pessoas mais próximas é muito grande em relação à perfeição, a criança é candidata a tornar-se perfeccionista, pois fazer as coisas de forma diferente aos padrões que lhe são ensinados ou então falhar pode significar uma punição, experimentada como uma rejeição, ou seja, como falta de amor e de aceitação. Assim, a vergonha, o medo e a frustração com respeito à desejada perfeição são o resultado das expectativas que a criança tinha, mas que não são correspondidas pelas pessoas significativas em sua vida.

Em um artigo muito bom sobre a diferença entre perfeição e a santidade[7], o pe. José Antônio Netto de Oliveira, SJ, expôs que o perfeccionismo não admite o limite, ao passo que a santidade procura evitar o pecado e tudo aquilo que não faz bem para a vida, tendo, contudo, a humildade de reconhecer os limites, mas sem render se a eles, pois continua confiando no amor misericordioso de Deus. Comportamento semelhante encontramos

---

7. OLIVEIRA, José Antônio Netto de, Perfeição ou Santidade, *Itaici, Revista de Espiritualidade*, dez. (1994) 5-14.

no conceito psicológico definido como *Mindset*, o que pode ser traduzido como "mentalidade" ou "configuração mental". De acordo com a criadora desse conceito, Carol S. Dweck[8], as pessoas têm dois tipos de *configuração mental*: a *fixa* e a *de crescimento*. Aquelas que têm a mentalidade fixa não acreditam que possam crescer e aprender coisas novas. Em geral se sentem convencidas que são as melhores e não precisam aprender nada de novo. Na verdade, são marcadas por forte insegurança e medo de errar. Reconhecer que não sabem tudo seria muito humilhante para elas. Nesse sentido, se acham perfeitas e assumem o comportamento perfeccionista. Por outro lado, as pessoas com configuração mental de crescimento estão abertas ao novo, gostam do desafio e, quando falham, não se sentem derrotadas, mas aproveitam as falhas para aprenderem com elas. Portanto, sabem conviver com o fracasso e normalmente acabam tendo mais sucesso do que as de configuração mental fixa.

---

8. Dweck, Carol S., *Mindset. A nova psicologia do sucesso*, São Paulo, Objetiva, 2017. Esse livro teve inicialmente outro título: *Por que algumas pessoas fazem sucesso e outras não*. A autora descreve longamente como as pessoas que possuem a mentalidade ou configuração mental fixa tendem a ter menos sucesso no mundo do trabalho, no dos esportes e no de outras atividades de liderança do que as pessoas com a mentalidade ou configuração mental de crescimento.

O SER HUMANO NÃO É PERFEITO

Quem almeja a perfeição e alimenta a vergonha é candidato a tornar-se uma pessoa ansiosa. Segundo a teoria da "Inteligência Positiva"[9], que veremos a seguir, pessoas com tendência ao perfeccionismo são movidas por um *sabotador* chamado "Insistente". Esse sabotador insiste na necessidade de perfeição, de ordem e de organização sem limites. Ele faz com que a pessoa viva ansiosa e nervosa, transmitindo esses mesmos sentimentos às pessoas que vivem ao seu redor. Ela drena a energia da pessoa ou das que estão próximas com medidas extras de perfeição. Esse sabotador leva a pessoa a crer que o perfeccionismo é uma coisa boa, que ajuda a viver melhor a vida. Neste sentido, a ansiedade que o perfeccionismo produz pode levar ao fechamento, ao isolamento, à hiperatividade, às dependências e aos vícios. As fragilidades são escondidas, pois são experimentadas como ameaças desde dentro. Para mantê-las escondidas e reprimidas, consome-se muita energia, que

---

9. CHAMINE, Shirzad, *Inteligência Positiva*, Rio de Janeiro, Objetiva, 2013. Chamine, o criador da teoria da "Inteligência Positiva", é professor de psicologia e neurociência nas universidades de Yale e Stanford, sendo especialista em formar gestores e em criar programas de treinamento. Com essa teoria ele apresenta técnicas para desenvolver e tornar a inteligência positiva, e no livro ele explica como os sabotadores procuram minar ou impedir que a pessoa desenvolva a dimensão positiva de sua vida.

poderia estar disponível para viver com alegria, com liberdade, com criatividade e para fazer o bem. Em muitos casos recorre-se ao consumo de drogas e a comportamentos alterados para esquecer a ansiedade que arruína o mundo interior.

Não querer demonstrar os limites pode também levar ao isolamento social. Quem opta pelo isolamento corre o risco de anular-se e de fechar-se no seu próprio "casulo". Isso significa manter aquilo que a pessoa percebe como mal, ou força negativa, como segredo em sua vida. O segredo, cujo escondimento consome muita energia, leva ao sentimento de culpa e à vergonha. Para evitar que o sentimento de culpa e vergonha castiguem demais o próprio corpo, o inconsciente entra em ação e cria os mecanismos de defesa, como culpar outros pelos meus limites e falhas, ou refugiar-se no consumo de drogas e de álcool, na hiperatividade, e assim por diante. A pessoa entra numa dinâmica de atitudes e comportamentos que fazem com que a vida não tenha sentido, que os sonhos e a esperança desapareçam, permanecendo o vazio existencial ou a falta de sentido para a vida, como diria Viktor Frankl[10]. É urgente reverter este processo para que a Luz, que se encontra em cada

---

10. Cf. FRANKL, Viktor, *Em busca de Sentido. Um psicólogo no campo de concentração*, Petrópolis, Vozes, 2021.

ser humano, ajude a escolher o caminho da vida e não o da morte (Dt 30,19).

"Teoria da Inteligência Positiva"

No processo de libertação dos sentimentos de vergonha, de não dignidade e de sentir-se menos que os outros, a "Teoria da Inteligência Positiva" é uma ferramenta importante. O autor, Shirzad Chamine, caracteriza-a como uma indicação do controle que a pessoa tem sobre sua própria mente e o quão bem sua mente age em seu próprio benefício. Apresentando o conceito de "Quociente de Inteligência Positiva" (QP), Chamine afirma que ele pode agir de forma positiva ou negativa na vida da pessoa: sua dimensão negativa é alimentada pelos sabotadores, ou seja, aquelas forças negativas que se manifestam para desmotivar, desencorajar e fazer com que ela se considere incapaz ou não merecedora de uma vida melhor e mais plena, por isso o autor define os sabotadores, esses nossos inimigos internos, da seguinte forma: "um conjunto de padrões mentais automáticos e habituais, cada um com sua própria voz, crença e suposições que trabalham contra o que é melhor para você"[11].

---

11. CHAMINE, Shirzad, op. cit., 17.

Os sabotadores vivem dentro da pessoa e facilmente a convencem por meio de mentiras, as quais aparentemente trabalham em favor dela, e, por isso, são acolhidos e não mais vistos como inimigos ou ameaças. Dessa forma, a vítima permite inconscientemente que o inimigo permaneça instalado em si mesma e siga impedindo o seu crescimento e a sua integração, responsáveis por uma vida feliz e realizada.

Os sabotadores

De acordo com a autor da "Teoria da Inteligência Positiva", há dez sabotadores principais que atuam na vida da pessoa: *1)* o Crítico, *2)* o Insistente, *3)* o Prestativo, *4)* o Hiper-realizador, *5)* a Vítima, *6)* o Hiper-racional, *7)* o Hipervigilante, *8)* o Inquieto, *9)* o Controlador e *10)* o Esquivo[12]. Entre esses, Chamine destaca o primeiro, o sabotador crítico, que se faz presente na vida de todas as pessoas, levando-as a encontrar defeitos em si mesmas e nos outros. Isso gera muita ansiedade, estresse, raiva, decepção, vergonha e sentimento de culpa. Contudo, o autor da teoria acredita que, apesar de sua dimensão negativa, esse sabotador é importante:

---

12. Ibid., 27-29.

O SER HUMANO NÃO É PERFEITO

"A interpretação do Crítico é sempre cheia de defeitos e tendências negativas, mas no começo da vida isso pode ser útil para entender o mundo ao nosso redor e criar uma construção mental coerente a partir de nossa experiência"[13]. Esse sabotador tem a pretensão de dizer que, sem ele, a própria pessoa ou os outros se tornariam acomodados e não conseguiriam crescer na vida. Ele apresenta-se quase como uma "voz", que parece querer o bem das pessoas, mas na verdade apenas a destrói e impede que cresça e tenha uma vida saudável. É semelhante ao espírito do mal que se apresenta como anjo da luz para enganar o fiel (EE, n. 322).

Sabotadores e mecanismos de defesa

Os sabotadores podem ser comparados com os "mecanismos de defesa" nos estudos de Sigmund Freud. Assim como os sabotadores têm a função inicial de nos proteger e ajudar a sobreviver, também os mecanismos de defesa têm a função de proteger o Ego da ansiedade, dos perigos e ameaças externas e internas que se apresentam. Os mecanismos de defesa do Ego são compreendidos também como meios que o inconsciente usa para

---
13. Ibid., 29.

mascarar a realidade ou para abrandar a dor. Eles não resolvem os problemas. Sua atitude pode ser compreendida como uma forma de iludir o Ego para que sinta menos ansiedade e medo diante do perigo. O problema é que assim não se enfrenta o perigo nem ajuda a pessoa a encará-lo a fim de encontrar as suas causas, as suas raízes e consequentemente a sua solução ou superação. Portanto, a fonte do medo ou da ansiedade permanece, porque os mecanismos de defesa apenas aliviam momentaneamente a dor. Jacob Petry[14] fala de "moldes mentais", os quais tem um significado similar ao dos sabotadores e mecanismos de defesa. Diz ele: "Os moldes mentais são um conjunto de regras, convicções e paradigmas"[15]. Parte desse conjunto de comportamentos e percepções são importantes e necessários na vida, mas a maioria deles a limitam e atrofiam.

Contudo, oposta sabotadores e mecanismos de defesa, é preciso mencionar a presença positiva do Sábio.

---

14. PETRY, Jacob, op. cit. Neste livro o autor mostra a diferença entre as pessoas que têm sucesso na vida e as que não têm. Normalmente não se trata de ser mais inteligente ou menos, mas da coragem e do acreditar que é possível vencer este ou aquele desafio. Ao longo do livro cita muitos exemplos de pessoas que venceram, que superaram o medo e a vergonha e apostaram em projetos que aparentemente pareciam impossíveis de serem realizados.
15. Ibid., 20.

O Sábio

A "Inteligência Positiva" faz referência ao Sábio quando fala da dimensão positiva que existe em todo ser humano. "O Sábio representa a parte mais profunda e inteligente de cada um e cada uma. Ele tem acesso a cinco grandes poderes da sua mente: *1*. Explorar com grande curiosidade e mente aberta; *2*. Ter empatia consigo mesmo e com os outros; *3*. Inovar e criar perspectivas; *4*. Navegar e escolher um caminho que melhor se encaixe em seus valores e missão mais profundos e básicos; *5*. Ativar e ter ações decisivas sem a interferência dos sabotadores."[16] Esses poderes ou forças devem ser desenvolvidos e liberados das sombras, dos sabotadores, que tendem a sufocá-los e impedir que sejam usados em favor da vida. Para isso é importante identificar as *vozes* dos sabotadores e deixar que os poderes ou as forças do Sábio tomem o controle da vida. Segundo Chamine, através do Sábio a pessoa experimenta, ainda que em meio a fortes crises, sentimentos de curiosidade, compaixão, criatividade, alegria, paz e determinação.

A teoria psicológica da "Abordagem Direta do Inconsciente" (ADI), criada por Renate Jost de Moraes,

---

16. Ibid., 19.

também fala do Sábio. O método terapêutico dessa abordagem conduz a pessoa a imaginar esse Sábio em forma de menino ou menina, que simboliza o inconsciente livre, e que vai mostrando o caminho que leva à liberdade. Para isso, o Sábio conduz a pessoa ao passado, para as experiências mais marcantes de sombra e de luz em sua vida. Além do Sábio, a pessoa que faz a terapia é convidada colocar-se na presença de Jesus e Maria ou de algum santo, se cristã, ou de um personagem sábio que o acompanhe nessa jornada de libertação. Especialmente para quem acredita que Jesus é o Caminho, a Verdade e a Vida, a sua presença no processo terapêutico ajuda a encontrar sentido para a vida e isso lhe dá forças para superar os conflitos, integrar a vida, vivê-la melhor e com alegria e gratidão. No caso de cristãos católicos, a presença de Jesus e Maria são de muita importância, pois significam segurança, ternura, misericórdia, amor, luz e vida nova.

No entanto, como veremos a seguir, pode acontecer que algumas pessoas, apesar da ajuda que recebem, prefiram não mudar, permanecendo sempre na mesma situação, ou por medo do novo, ou por acreditar ser, de alguma maneira, vantajoso permanecer no estado em que se encontra.

O SER HUMANO NÃO É PERFEITO

"Vantagens" da não mudança

Algumas pessoas passam a vida procurando ajuda para se livrarem do mal-estar que as acompanha, mas não conseguem alcançar essa libertação. Pedem ajuda de psicólogos, médicos, psiquiatras, diretores espirituais e de outros que lhes ofertam ajuda, e mesmo assim não conseguem superar suas dificuldades. Pois ainda que estejam em contínua busca de ajuda, inconscientemente podem não desejar se libertar, porque se satisfazem com os ganhos secundários. Um ganho secundário pode ser, por exemplo, experimentar a compaixão dos outros, que é uma forma de garantir a atenção através do sofrimento. Buscam o afeto, o reconhecimento e a atenção, mas pelo caminho errado, pois não enfrentam o problema ou a sua causa. Alimentam o sofrimento com a esperança de receberem o afeto e a aceitação desejados. Mas assumir o processo de crescimento e superação dos problemas e traumas, além de levar à liberdade, exige também responsabilidade e compromisso com a vida. Deixar de ser vítima significa caminhar com os próprios pés e não mais se apoiar nos ombros de outros. Significa assumir o projeto de vida que Deus pensou para elas. Significa também desenvolver os talentos recebidos e colocá-los a serviço da vida. Mas deixar de viver em função dos ganhos secundários requer a coragem de dizer não aos sentimentos negativos, aos sabotadores e aos mecanismos de defesa que sempre de novo querem ser atendidos para continuar dominando a dinâmica da vida. Em última instância, significa dizer não ao espírito do mal que trabalha contra a Luz da vida, contra o Deus Criador.

"Exercícios espirituais"

A experiência dos *Exercícios espirituais* (EE), de Santo Inácio de Loyola[17], tem ajudado muitas pessoas a integrarem melhor a vida, pois neles o exercitante é convidado a contemplar a Criação de Deus e a caminhar com Jesus. Nessa caminhada, o exercitante aprende a amar, a perdoar, a sentir-se perdoado, a ser misericordioso, a partilhar, a servir e a entrar em profunda comunhão com a Trindade, com a Criação e com os

---

17. Os *Exercícios espirituais* (EE) são um método de oração nascido da vida de oração de Santo Inácio de Loyola. Durante seu processo de conversão, marcado de longas horas de oração, de jejum e penitência, Inácio teve fortes momentos de consolação e de desolação espiritual. A estrutura dos EE reflete, metodologicamente, os grandes momentos ou as fortes experiências espirituais que Santo Inácio de Loyola viveu no seu processo de conversão e amadurecimento na relação com Deus e que percebeu que poderiam ser úteis também para outras pessoas.

O SER HUMANO NÃO É PERFEITO

outros. O pedido de graça da segunda semana dos EE merece atenção especial: "Pedirei o conhecimento interno do Senhor que por mim se fez homem, para que mais o ame e o siga" (EE, n. 104). Esse conhecimento leva à familiaridade com Jesus, a estar próximo a ele, a falar com ele como um amigo fala com um amigo e contar com a sua presença em tudo o que se fizer. Leva também à certeza interna de que não se está sozinho, mas que Deus é um verdadeiro amigo, que está sempre presente na jornada cotidiana.

O Filho de Deus veio ao mundo para iluminá-lo (Jo 1), veio para iluminar o coração humano e para habitar no mais profundo de cada pessoa, para afastar as trevas, a morte, o pecado, o medo, a tristeza e tudo aquilo que amarra a pessoa e a impede de viver com alegria, leveza, liberdade e generosidade o dom da vida. Ele é o grande Sábio, o Sábio por excelência, é aquele que venceu a força do mal, as trevas e as sombras destruidoras. Ele é quem cuida de todas as pessoas e as conduz por caminhos verdejantes, tal qual o pastor cuida das ovelhas do rebanho: "O Senhor é meu pastor, nada me faltará. Em verdes prados ele me faz repousar. Conduz-me junto às águas refrescantes, restaura as forças de minha alma. Pelos caminhos retos ele me leva, por amor do seu nome" (Sl 23,1-13). Ele garante a dignidade de vida para todos os que o seguem e se deixam redimir.

O ser humano no Jardim do Éden

Concluindo este capítulo, tomemos o relato bíblico do ser humano criado por Deus e colocado no Jardim do Éden, no Paraíso, para viver em comunhão com o Criador (Gn 2). O relato bíblico nos mostra como o ser humano não foi capaz de permanecer em comunhão com o seu Criador. Essa incapacidade de permanecer fiel ao projeto do Criador fez com que não mais fosse possível a Adão e Eva, representantes de toda a humanidade, desfrutar da harmonia e da paz no Jardim do Éden, lugar onde estavam plenamente integrados com a Criação. A ambição de querer ser como Deus provocou uma fissura, ou seja, o rompimento da comunhão e da harmonia com Deus. O rompimento com a aliança do Criador despertou a vergonha em Adão e Eva, e assim muitos problemas e dificuldades, ou vícios, começaram a ser parte da vida humana.

Permanecer preso à vergonha e ao desânimo não ajuda a reconhecer os limites pessoais, antes pode alimentar o orgulho discreto e iludido de querer ser perfeito, querer ser como Deus. Não reconhecer ou aceitar os limites pessoais significa também não confiar plenamente no amor misericordioso de Deus que cura e liberta das feridas provocadas pelo pecado. Reconhecer o pecado e a força da sombra que habitam no coração humano significa deixar que o Filho de Deus possa purificar e

O SER HUMANO NÃO É PERFEITO

renovar o coração manchado e petrificado. Viver a alegria do perdão significa acolher a vida nova que Deus dá à pessoa e assim deixar-se reconduzir ao Jardim do Éden, ao Reino de Deus. O acompanhamento espiritual e o aconselhamento pastoral são meios fecundos para ajudar a pessoa a superar seus traumas, a integrar melhor a vida, a lidar com a não perfeição, com a vergonha e a acolher o amor misericordioso de Deus que quer vida plena para todos. No capítulo seguinte veremos o que é o acompanhamento espiritual e o aconselhamento pastoral e buscaremos também mostrar como cada um deles se aplica a situações concretas na vida humana.

Para refletir e aprofundar

Em clima de silêncio e de paz, escute as moções e as vozes internas que orientam a sua vida. É o nunca ser o suficiente e ter o suficiente que dominam o seu coração profundo ou é a gratidão pelo dom da vida, pelos talentos que possui e pelo abraço misericordioso de Deus Pai que ocupam o lugar central do coração?

Os seguintes textos bíblicos podem ajudar a sua reflexão; Salmo 23,1-13; Salmo 50; Lucas 15,11-32; João 8,1-11; Mateus 3,13-17, o batismo de Jesus.

4

ACOMPANHAMENTO HUMANO-ESPIRITUAL

O acompanhamento humano e espiritual normalmente acontece entre duas pessoas. Uma deseja integrar a sua vida através da oração e do autoconhecimento. A outra acolhe e providencia os meios para que a primeira possa viver e integrar aquilo que busca através do acompanhamento humano-espiritual. Tanto a vida de oração quanto o conhecimento psicológico levam ao autoconhecimento.

Para descrever o acompanhamento humano-espiritual, desenvolverei os conceitos de "Direção Espiritual" e de "Aconselhamento Pastoral". São duas ferramentas muito úteis e necessárias para acolher, escutar, compreender e caminhar com quem busca o acompanhamento humano-espiritual a fim de integrar melhor a sua vida e crescer na liberdade, na alegria de viver e no sentir-se criatura amada por Deus. O crescimento na liberdade significa fazer a reconciliação com o passado, procurando libertar-se dos traumas e feridas que foram se acumulando ao longo da história pessoal. É também reconciliação com o presente para viver melhor o futuro que já inicia no presente. Cada vez mais pessoas buscam ajuda através da experiência de ser escutada por outra, porque sentem solidão, falta de sentido na vida e vazio interior. Por isso o uso correto dessas duas ferramentas é muito importante. O bom uso da Direção Espiritual e do Aconselhamento Pastoral supõe o conhecimento das possiblidades de ajuda e dos riscos que essas ferramentas oferecem.

A procura por ajuda, seja na dimensão espiritual, seja na dimensão psicológica, aumenta na medida em que as tensões, as frustrações e o sentir-se perdido na vida aumentam. A direção espiritual, por exemplo, começa a ser usada nos hospitais para atender aos pacientes em suas necessidades espirituais e no seu desejo de serem ouvidos. Outros que se encontram na correria da vida cotidiana e sob o bombardeio de ofertas espirituais e de religiões passam por dificuldades em escolher a que mais lhes ajude. Outros recorrem ao aconselhamento pastoral para crescer na intimidade com o Senhor e na liberdade interior. Tudo isso para viver com alegria, com generosidade e gratuidade o dom da vida. Para melhor compreender o significado da direção espiritual e do aconselhamento pastoral, vejamos algumas de suas definições.

Direção Espiritual

A direção espiritual é um processo que se dá entre duas pessoas na qual o guia competente ajuda alguém a crescer na vida espiritual através de encontros que tem como objeto explícito o crescimento espiritual de quem é dirigido. Neste sentido, não se refere àquilo que o guia faz, mas à direção à qual o Espírito de Deus conduz a vida do dirigido num processo de discernimento no qual o guia, que a tradição religiosa chama de "diretor espiritual", colabora[1].

A direção espiritual procura, portanto, facilitar a interação entre o Espírito de Deus e a pessoa dirigida, sendo aquela entendida, portanto, como um lugar e tempo na "presença" de Deus, de modo que a pessoa dirigida pode sentir-se em casa, com seus reais desejos e verdadeiras necessidades humanas. É também o lugar e tempo em que a pessoa acompanhada pode expressar livremente seus desejos mais profundos de comunhão com Deus. A presença do diretor ou da diretora espiritual é a de quem vive em harmonia com Deus,

---

1. SHELTON, Charles, When a jesuit counsels others. Some practical guidelines, *Studies in the Spirituality of Jesuits*, v. 32, n. 3 (2000). O autor apresenta o que é direção espiritual, o aconselhamento pastoral e a psicoterapia, destacando semelhanças e diferenças entre as duas primeiras.

com os outros, consigo mesmo e com toda a Criação. São pessoas que fizeram experiência de serem curadas pelo amor misericordioso de Deus, que passaram pela transformação através do amor divino em suas vidas, e que agora se dispõem a caminhar com outros que também buscam essa relação íntima com Deus.

Aconselhamento pastoral

O aconselhamento pastoral não pretende ajudar as pessoas apenas nos seus problemas matrimoniais, questões vocacionais, ou em casos de luto, mas, sim na busca pelo sentido da vida, na busca por Deus. O "coração" do cuidado e do aconselhamento pastoral para as pessoas é, hoje, ajudá-las a encontrar a sua Rocha, a discernir se o que escutam em seu coração é ou não o "rumor dos anjos", é a centrar as suas vidas no mistério que chamamos Deus. Se os conselheiros pastorais não podem oferecer tal ajuda, seus aconselhados podem sentir que lhes foi oferecido uma pedra em vez de pão (Mt 7,9)[2].

---

2. Esta definição se encontra em: BARRY, William A., Direção espiritual e aconselhamento pastoral, *Revista de Psicologia Pastoral*, v. 26, n. 1 (1977) 4-6.

ACOMPANHAMENTO HUMANO-ESPIRITUAL

Quando falamos de aconselhamento pastoral nos referimos a um processo no qual um conselheiro pastoral utiliza inspirações e princípios oriundos de disciplinas da teologia e das ciências do comportamento humano ao trabalhar, o que pode envolver um ou mais indivíduos, casais, famílias, grupos e sistemas sociais em busca da integridade e saúde. A atenção é voltada principalmente à maturidade humana.

O aconselhamento pastoral deseja ajudar as pessoas a clarificar, a compreender e a encontrar sentido nos problemas pessoais, especialmente aqueles que atrapalham a sua caminhada de fé. Através da experiência do aconselhamento pastoral, quem é aconselhado adquire melhor autoconhecimento e se torna mais consciente dos seus valores, da sua fé e da sua esperança, adquirindo maturidade e liberdade suficientes para fazer autênticas decisões morais. "O aconselhamento pastoral contribui para a renovação contínua da vitalidade da Igreja ao providenciar a renovação de pessoas, relacionamentos e grupos."[3] Ele ajuda as pessoas a recuperarem a alegria de viver e o sentido da vida.

---

3. CLINEBELL, Howard, *Basic Types of Pastoral Care & Counseling. Resources for the Ministry of Healing and Growth*, Nashville, Abingdon Press, 1984, 14-15. O autor, pastor metodista e professor universitário, dedicou-se ao ensino da "Psicologia Pastoral", tendo escrito também sobre aconselhamento pastoral.

O aconselhamento pastoral, à luz das teorias psicológicas e da teologia, quer ajudar no processo da integração da vida de quem busca essa ajuda. Portanto, o conselheiro pastoral trabalha simultaneamente com a psicologia e a teologia, mas sua ênfase está na psicologia, concentrando seus métodos de ajuda mais nos conflitos e dificuldades que atrapalham o crescimento rumo à liberdade e à maturidade humana e cristã. Através do aconselhamento pastoral, o profissional pretende ajudar a pessoa a desenvolver sua capacidade de lidar com seus conflitos, de integrá-los para que tenham menos influência negativa na sua vida cotidiana. Quanto mais consegue integrar a sua vida, mais ela será capaz de viver a fé e a esperança que a impulsionam para um futuro que leva à comunhão com Deus, com os demais e com toda a Criação.

Finalidade da direção espiritual
e do acompanhamento pastoral

A finalidade da direção espiritual e do aconselhamento pastoral é ajudar as pessoas a viverem mais plenamente a vida. Ambos reconhecem que a plenitude da vida se encontra em Deus. Mesmo que a meta final de ambos seja Deus, isso não quer dizer que ignoram ou fecham os olhos àquilo que se vive no aqui e agora. Tanto a direção espiritual quanto o aconselhamento pastoral desejam ajudar as pessoas a buscar a familiaridade com Deus, a encontrar o sentido para a vida e a experimentar a presença amorosa de Deus na vida cotidiana.

A direção espiritual e o acompanhamento pastoral ajudam a pessoa a olhar com esperança cristã a vida a partir da realidade humana, marcada que é pela luz e pelas sombras, pela alegria e pela tristeza, pela paz e pela agitação. Esse olhar pode ajudar a libertar de tudo aquilo que a impede viver a beleza da vida tal como o Criador a pensou. Mas o acompanhamento deve cuidar para que as pessoas não queimem etapas. O seguimento a Jesus, como sabemos, requer que se caminhe pelos caminhos por onde ele andou, ser testemunha da vontade do Pai, assumir a cruz cotidiana, a paixão e a morte que ele experimentou. "Se alguém quer me seguir, renuncie a si mesmo, tome a sua cruz e me siga" (Mc 8,34). Para evitar o sofrimento ou mesmo o esforço e o sacrifício de anunciar e testemunhar cotidianamente a Boa Nova de Jesus, a pessoa se volta à Transfiguração do Senhor (Mt 17,1-13) e deseja construir sua tenda no alto da montanha para permanecer nesse lugar sagrado e de plenitude de vida. Uma atitude assim seria queimar etapas, ou seja, a construção da tenda no topo da montanha é um modo de evitar as exigências de percorrer as estradas pedregosas e poeirentas, de visitar as pessoas nas margens da sociedade, de dedicar tempo para os outros e de renunciar aos privilégios pessoais. Tal atitude quer usufruir da vida nova, do Reino de Deus, da comunhão eterna e plenitude de vida, mas sem imitar e seguir o Senhor.

Ser consciente dos próprios limites durante o acompanhamento

Ao acompanhar alguém, seja na dimensão espiritual, seja na psicológica-pastoral, é fundamental ser consciente dos próprios limites e, ao mesmo tempo, tomar conhecimento da história familiar de quem se acompanha. De acordo com diferentes teorias psicológicas, sabemos que a base da personalidade, o modo de ser de qualquer pessoa, constrói-se na família. O contato direto com os pais, que são as pessoas mais importantes na vida da criança, ou de outras pessoas significativas, permite que ela internalize uma imagem positiva ou negativa deles, desenhando assim o sentido para a sua vida. Ela aprende a olhar para a vida como bela, encantadora e deseja vivê-la intensamente se internaliza uma imagem positiva. Por outro lado, se a experiência familiar é marcada pelo sofrimento, pelo pessimismo, pela tristeza e pelas trevas, a criança leva consigo as marcas negativas da vida, o horizonte obscuro ou pouco iluminado e conclui que não vale a pena viver. Essa realidade sombria pode desenvolver nela o desejo de não querer viver, de preferir mais a morte que a vida. Quando a experiência for muito negativa, a criança pode encontrar grandes dificuldades em partilhar as suas feridas e dores, pois em vez de internalizar confiança, ela acaba internalizando desconfiança. Por isso, um dos primeiros desafios para um bom acompanhamento é criar um ambiente de acolhida, de confiança, a fim de que o processo de ajuda possa acontecer com leveza.

O acompanhamento espiritual e psicológico-pastoral são uma experiência profundamente humana, de proximidade, de conhecimento, de intercâmbio, de ternura, na qual a pessoa acompanhada confia sua história, seus sonhos, suas buscas, seus sofrimentos a quem a acompanha. Criar o clima de confiança pode ser demorado. Depende muito da confiança adquirida ou não na família. Por isso, para quem se dispõe a caminhar com outras pessoas na direção espiritual ou no aconselhamento pastoral, é importante usar estratégias que favoreçam o estabelecimento de uma relação de confiança, mas com paciência, nunca querendo que o processo de confiança aconteça já nos primeiros encontros. É importante dar tempo ao tempo.

Consequências de uma infância perturbada

Entre os problemas básicos que muitas pessoas carregam consigo, em consequência de uma infância perturbada, estão a incapacidade de confiar em si mesmas e nos outros; o medo de amar e deixar-se amar; dificuldades de relacionamento; incapacidade de expressar sentimentos negativos, como: raiva, ódio, medo, decepção, insegurança e falta de autonomia; a incapacidade de aceitar a própria sexualidade, os sentimentos sexuais e a incapacidade de assumir o poder que se tem como pessoa humana. Todos estes conflitos normalmente se instalam na vida durante o desenvolvimento psicoafetivo, ou seja, durante os primeiros nove ou dez anos de vida.

Todas as famílias têm seus limites e desafios a serem enfrentados. Os limites se tornam mais perigosos quando se convertem em uma espécie de "segredo familiar", ficando escondidos e não sendo confrontados. O resultado do segredo familiar é que ele cria um círculo vicioso no interior da família e se transmite de geração em geração. É preciso romper este círculo vicioso. Em muitos casos esse rompimento só é possível com ajuda profissional para pais e filhos. Se o ambiente familiar é negativo, desde a vida intrauterina a força negativa é experimentada e internalizada. Nessas situações, o acompanhamento espiritual procura acolher e compreender a pessoa, orientando-a normalmente a buscar ajuda profissional. O aconselhamento pastoral tem condições de caminhar com ela, procurando compreender a história passada, acolhendo sem julgar e oferecendo meios e técnicas que a ajudam a integrar e a superar os conflitos. Na medida que a integração e a libertação vão acontecendo, ela vai amadurecendo na liberdade interior, na capacidade de viver valores, de alimentar a esperança e a fé no Deus da vida.

A criança no útero materno é especialmente sensível aos sentimentos de aceitação ou rejeição de seus pais para com ela, e responde, ativamente, por meio de manifestações psicossomáticas[4].

"Abordagem Direta do Inconsciente"

A teoria da "Abordagem Direta do Inconsciente" (ADI), elaborada por Renate Jost de Moraes[5], defende a

---
4. MORAES, Renate Jost de, op. cit., 101.
5. A ADI é uma abordagem revolucionária que obtém excelentes resultados terapêuticos em menos tempo que as terapias tradicionais. No livro *As chaves do inconsciente*, Jost de Moraes, além de expor essa teoria psicológica e seu método, apresenta

ideia de que desde a concepção o feto já vai captando, pelo inconsciente, se o clima familiar é favorável ou hostil ao seu nascimento. As primeiras reações dos pais, quando sabem da gravidez, marcam profundamente a personalidade da criança recém-concebida. Quando se sente rejeitada por eles, os efeitos negativos dessa rejeição na personalidade da criança podem vir a se tornar doenças, fraquezas, disfunções, desequilíbrios, anomalias, medos, insegurança, autoanulação etc. Através dessas atitudes e comportamentos, a criança procura corresponder à reação dos pais, mesmo que sejam negativas e se revelem autodestrutivas. Em alguns casos, pode acontecer que o feto não encontre forças para reagir e, por isso, não consiga sobreviver. Em outros, a criança recém concebida prefere não viver. E a mãe acaba perdendo o filho ou filha. Mas há também casos, e felizmente não são poucos, em que o feto se sente acolhido, desejado, esperado, amado, protegido pelos pais, e essa experiência será o fundamento para que experimente a presença amorosa e protetora de Deus, que quer a vida e não a morte.

Assim como as experiências negativas marcam profundamente a estrutura emocional e psicológica da

---

também muitos exemplos de pessoas que, pelo novo método terapêutico, obtiveram excelentes resultados na sua cura emocional e psicossomática.

criança, da mesma forma as positivas lhe garantem uma vida saudável e equilibrada. "O desejo de amor e aceitação da criança, complementado por uma boa vida conjugal dos pais, pode criar nela defesas mais fortes contra agentes internos ou psicológicos externos, que normalmente poderiam vir a prejudicá-la."[6] Na família em que a fé e a vida espiritual estão presentes, os filhos aprendem a encontrar um sentido para a vida que vai além do aqui e agora. Neste sentido, a teoria psicológica da ADI se abre a uma perspectiva do transcendente da luz divina presente na vida de todos.

Os profissionais que trabalham com o método terapêutico da ADI podem partilhar muitos relatos que confirmam a força da vida e a presença da luz divina em situações em que aparentemente as trevas ou a morte pareciam dominar o início da vida do feto.

Certo dia, um dos meus dirigidos espirituais disse o seguinte: "ao fazer a terapia da abordagem direta do inconsciente, usando a técnica da regressão à vida intrauterina, senti que o clima familiar era pesado e o meu nascimento não era motivo de alegria para os pais. Por isso eu desejava morrer. Eu achava que não valia a pena nascer para sofrer e ser rejeitado pelos pais. Foi então que experimentei a presença amorosa e terna de Deus".

---

6. MORAES, Renate Jost de, op. cit., 102.

E continuou: "Isso aconteceu quando contemplei a minha concepção. Deus se fez presente em forma de luz, e senti que é ele quem me dava a vida, e por isso valia a pena nascer". A experiência da presença da luz divina provocou uma mudança radical nesta vida. Desde então, disse ele, "sinto alegria em viver, me sinto amado e sei que, apesar dos limites dos meus pais, eles também me amam".

Eu também tive a sorte de fazer a terapia da ADI. Ao contemplar o clima familiar durante os primeiros dias da minha concepção, percebi que meus pais estavam preocupados e angustiados, porque a família era grande e os recursos materiais eram poucos. Como sustentar tantos filhos? Afinal, eu seria o décimo primeiro filho a nascer. O ambiente não parecia favorável à vida saudável. Em vez de ser motivo de alegria e gratidão a Deus por mais uma vida concebida, essa notícia, ao contrário, provocou o oposto do que se espera. Havia medo, insegurança, preocupação, tristeza e angústia no rosto dos pais. Fiquei inseguro e com medo de nascer para não aumentar o sofrimento deles. Foi uma experiência muito difícil e de sofrimento. Mas, ao contemplar a minha concepção, senti a presença de Deus, em forma de luz, que me dizia: "Sou eu quem te dá a vida e quero que vivas". Essa afirmação de Deus, cheia de amor e ternura, me deu coragem para dizer sim à vida. A sua presença amorosa e terna deu um novo rumo à minha história. Tendo feito essa experiência de sentir-me amado desde a minha concepção, o sentido da minha vida mudou profundamente, e fui encontrando forças para superar os obstáculos e medos que vinham me acompanhando. E a minha vida se tornou mais bonita, mais plena de sentido, mais leve. Passei a sentir entusiasmo e coragem para vivê-la com alegria e generosidade.

Acolhida e acompanhamento

Para acolher e acompanhar bem os que procuram ajuda através do acompanhamento espiritual e do aconselhamento pastoral, convém providenciar um lugar acolhedor, transparente e de confiança. Contudo, mais importante que o espaço físico é a capacidade de conquistar a confiança da pessoa acompanhada. Poder confiar em quem acolhe e escuta é fundamental para que a pessoa acompanhada possa expressar mais aberta e sinceramente seus desejos e anseios mais profundos sobre o sentido de sua vida, sobre suas dificuldades e sofrimentos, sobre os seus projetos e sonhos, sobre a sua relação com Deus. A meta última e constante do acompanhamento consiste em ajudar a pessoa a construir a unidade em torno de valores que a harmonizem e plenifiquem. Esses valores, podem ser, entre outros, a solidariedade com o próximo, o cuidado da Criação, a comunhão com Deus e, no caso a experiência espiritual cristã, o seguimento a Jesus Cristo.

Faz parte da direção espiritual e do aconselhamento pastoral ajudar a pessoa a descobrir o que há de mais humano e divino em seu coração. Além de ajudá-la a se libertar de traumas complexos e sofrimentos desnecessários, o acompanhamento também quer ajudar a libertar todo o potencial de vida, de dons e talentos que estão sufocados pelas sombras. A terapia com a ADI e outros métodos de aconselhamento pastoral ajudam a pessoa a reconhecer os seus limites desde a concepção, bem como as forças positivas, as experiências de amor, de acolhida, de afeto e de carinho recebidos.

Destaco o método da "Abordagem Direta do Inconsciente" (ADI), que, por meio de técnicas terapêuticas de regressão, leva a pessoa a tomar consciência de seus conteúdos psíquicos negativos e positivos, porque a consciência desses conteúdos psíquicos ajuda a pessoa a fazer a opção pelas forças positivas e, assim, a viver com mais liberdade, criatividade e com a capacidade de amar e ser amada. Quando ela é capaz de reconhecer e conhecer as suas fragilidades, as suas sombras e as suas fortalezas, então estará em condições de ajudar a outros que também querem encontrar seu eu verdadeiro, seu eu livre. Segundo Robin Sharma, "parte de seu trabalho agora é despertar a grandeza nas pessoas que nunca enxergaram grandeza em si mesmas"[7]. É um despertar para a vida.

Encontrar sentido na vida

Acompanhar as pessoas é uma arte. Acompanhar outra pessoa no seu processo de integração humano-espiritual significa estar a seu lado nos momentos difíceis, de sofrimento, de desencanto, de falta de sentido para a vida bem como nos momentos de alegria, de serenidade, de luz e de esperança. Quem acompanha alguém deve estar preparado para estar a seu lado nos momentos em que partilha suas alegrias ou experiências de dor, de sofrimento, de desencanto, bem como, muitas vezes, a falta de sentido para a vida. A "Logoterapia", uma abordagem terapêutica formulada por Viktor Frankl, é um suporte importante para o acompanhante e principalmente para quem está sendo acompanhado.

Segundo Frankl, quem encontrou um sentido para a vida tem forças e motivos para enfrentar as dificuldades e os sofrimentos que se apresentam em sua vida.

---

7. SHARMA, Robin, *O líder sem status*, Campinas, Vênus, 2010, 171.

Porém, aquela pessoa desprovida de sentido para a vida, nos momentos de sofrimento, de decepção, de tristeza e dor profundas, facilmente se rende e desiste de lutar. Frankl mesmo sobreviveu às mais cruéis violências imagináveis nos Campos de Concentração nazistas durante a Segunda Guerra Mundial. Onde ele encontrou forças para sobreviver e suportar toda a dor física e emocional que lhe foram impostas? A descrição que ele faz de um companheiro sobrevivente do terror dos campos de concentração ajuda a compreender a fonte de suas forças:

> Mencionei aquele companheiro que, no início de sua estada no campo de concentração, propusera ao céu um pacto: que o seu sofrimento e morte poupassem de uma morte atormentada a pessoa por ele tão amada. Para este homem o sofrimento e morte não eram sem sentido, mas foram sim dotados do mais profundo sentido em sua função e sacrifício. Ele não queria nem sofrer nem morrer sem um sentido[8].

Ter um sentido para a vida ajuda a encontrar soluções e perspectivas para superar os momentos difíceis

---

8. FRANKL, Viktor, op. cit., 61-62.

e obscuros da vida e a viver com mais liberdade, simplicidade e humildade.

Quando Jesus diz: "Tomai sobre vós o meu jugo, e aprendei de mim, que sou manso e humilde de coração; e achareis descanso para as vossas almas" (Mt 11,29), ele nos desafia a acolher a nossa história com o seu jugo e as suas experiências positivas. E assim a vida começa a ter sentido. O sentido para a vida, por sua vez, leva a visualizar, a contemplar ou a imaginar cenários possíveis a serem conquistados. Segundo Petry, "O processo de visualização é um instrumento poderoso e mágico que nos permite criar a realidade que queremos"[9]. A esperança cristã nos ajuda a acolher o presente, buscando superar os percalços da vida presente e passada, para sonhar e projetar um futuro melhor, um futuro que nos diz que vale a pena viver e no qual há um sentido maior para a vida. "Precisamos ter fé de que há uma razão maior pela qual estamos aqui. Ninguém consegue viver uma vida em toda sua plenitude sem que ela tenha um sentido superior."[10] Muitas pessoas se enganam, confundindo a realização pessoal, o sentido da vida e o sucesso pessoal com a posse de bens materiais e intelectuais. Para Frankl, "o sucesso, como a felicidade,

---

9. PETRY, Jacob, op. cit., 151.
10. Id., *O óbvio que ignoramos*, São Paulo, Lua de Papel, 2010, 141.

não pode ser perseguido; ele deve acontecer, e só tem lugar como efeito colateral de uma dedicação pessoal a uma causa maior que a pessoa. A felicidade deve acontecer naturalmente, e o mesmo ocorre com o sucesso"[11]. Nem o acúmulo de bens nem o sucesso realizam a pessoa, se os princípios e valores humanos não moverem seu modo de ser e agir.

Os talentos e aptidões ajudam a encontrar sentido para a vida

Partindo da fé cristã, entendemos que o sentido primeiro e último da nossa vida é Deus. Portanto, a meta é viver conforme a sua vontade, estando em comunhão com ele, com os outros e com toda a Criação. Mas para poder viver este sentido maior, é preciso ter um bom autoconhecimento e a capacidade de acolher a própria história pessoal. É na sua própria história que cada um de nós identifica seus talentos, suas qualidades, suas aptidões e seu carisma natural para fazer as coisas e viver a vida. "Talento é uma aptidão natural que possuímos para fazer alguma coisa com uma naturalidade superior à maior parte das outras pessoas."[12] Por isso, é tarefa de

---

11. FRANKL, Viktor, op. cit., 7.
12. PETRY, Jacob, *Os atrevidos dominam o mundo*, 17.

todas as pessoas descobrir os talentos e as aptidões que receberam do Criador para desenvolvê-los e colocá-los a serviço da vida, produzindo bons frutos. Neste sentido, acompanhar as pessoas no seu processo de libertação e na sua caminhada espiritual é um talento colocado a serviço do bem comum.

Visão cristã sobre o talento

Na visão cristã, o talento pode ser compreendido como um dom natural, um dom específico ou carisma recebido de Deus. O aconselhamento pastoral ajuda a pessoa a libertar-se das marcas negativas acumuladas ao longo de sua vida, a reconhecer e a acolher os seus talentos e a viver com mais liberdade, gratuidade e criatividade. O acompanhamento espiritual ajuda a pessoa a crescer na familiaridade com Jesus Cristo, que veio ao mundo e entrou na nossa história para salvar a humanidade e iluminar o mundo. A familiaridade com Jesus faz com que Deus possa habitar no coração profundo da pessoa. Os momentos de silêncio são importantes para crescer nessa familiaridade e para escutar o que Deus quer falar. A escuta e o silêncio levam à comunhão com Deus. A comunhão com Deus, a Fonte da Vida, leva à comunhão com os demais e com toda a

Criação. Para quem consegue viver essa familiaridade com o divino e com a Criação, a vida e tudo o que existe começam a ter sentido. A percepção do sentido da vida leva a reconhecer, a desenvolver e a colocar em prática os talentos recebidos do Criador. E a partilha dos talentos, dos dons e das qualidades recebidas, além do bem que realiza, torna a pessoa feliz, e ela passa a ser uma presença positiva junto aos demais, sendo sal da terra e luz do mundo (Mt 5,13-14).

A parábola dos talentos

Na parábola dos talentos (Mt 25,14-30), Jesus nos ensina a importância de se colocar em prática os dons e talentos recebidos. Sugere também que não se deixe passar as oportunidades que a vida oferece de fazer o bem, de ser presença positiva junto aos demais e de realizar a missão confiada a cada um. Por outro lado, ela alerta para não sermos surpreendidos com o dia e hora em que o Senhor nos chamará. A parábola sugere que a nossa vida cotidiana deve ser de acordo com o plano de Deus, que vivamos com generosidade, gratuidade e criatividade toda oportunidade que nos é dada de fazer o bem. Assim, a segunda vinda do Senhor, o encontro definitivo com o Filho de Deus, não será temida como uma surpresa que gera medo, e não acontecerá de forma inesperada, pois a vida vivida de acordo com a vontade do Pai nos terá feito capazes de acolhê-la. Tanto o acompanhamento espiritual quanto o aconselhamento pastoral querem ajudar a pessoa a entrar em sintonia consigo mesma, com a sua dimensão positiva e com os limites e fragilidades a serem trabalhos e integrados. Nesse processo de libertação e de autoconhecimento, ela vai descobrindo seus talentos e desenvolvendo a capacidade da autoconfiança. Dessa forma, seu coração profundo se tornará lugar para que Deus aí habite e fonte de luz que fará sua vida brilhar para o mundo.

Um preço a pagar

Sabemos, contudo, que a história familiar de muitas pessoas é marcada pelas sombras, pelo sofrimento, pelo medo e pela falta de amor e acolhida. Quem teve a infelicidade de nascer num ambiente familiar assim fragilizado e sofrido pode encontrar dificuldades para caminhar rumo à liberdade, ao sentido da vida e à conquista do próprio sonho, por isso, certamente precisará de ajuda para fazê-lo. Pedir ajuda a outros requer partilhar essa história sombria e dar nome às feridas presentes na família e na vida pessoal. Por isso, para pedir ajuda é necessário dispor de uma mínima dose de humildade e confiança, pois não é uma tarefa fácil dizer ao outro quem eu penso que sou, especialmente se a imagem que tenho de mim é prevalentemente negativa. E mesmo que essa imagem não seja tão negativa, "tenho medo de lhe dizer quem sou porque, se eu lhe disser quem sou, você pode não gostar e isso é tudo o que tenho"[13]. Mesmo assim, vale a pena partilhar com outrem nossa história pessoal. Não somos ilhas e não podemos passar a vida fechados em nós mesmos. O simples fato de externar os conflitos internos, saber que alguém me escuta e não me condena já é um passo importante no processo da libertação e da integração humano-espiritual.

É muito importante ter presente que, para não atrapalhar e prejudicar a pessoa que partilha a sua vida, quem se dispõe a acompanhar e a escutar, além da importância do conhecimento teórico espiritual e psicológico, também deve submeter-se a um acompanhamento ou supervisão, a fim de evitar que no processo de acompanhamento os problemas pessoais de quem acompanha afetem o processo de acompanhamento ou aconselhamento e prejudiquem a pessoa acompanhada.

---

13. POWELL, John, op. cit., 17.

ACOMPANHAMENTO HUMANO-ESPIRITUAL

O autoconhecimento e a integração da vida de quem assume o papel de acompanhante espiritual e ou de conselheiro pastoral são fundamentais para que se mantenha a fronteira entre a própria vida e a vida de quem se acompanha. No exercício do acompanhamento espiritual e do aconselhamento pastoral facilmente acontecem projeções, transferências e contratransferências. Por isso, o profissional deve zelar para que o lugar sagrado do coração da pessoa acompanhada não seja maculado, desrespeitado ou invadido. Só assim é possível um verdadeiro clima de confiança, de acolhida, de empatia e de crescimento mútuo. O verdadeiro acompanhamento ou aconselhamento ajuda o outro a descobrir o tesouro da sua vida no próprio coração, que pode estar imerso em sombras e marcado por feridas. Mas é no coração profundo que o ser humano se encontra consigo mesmo, com o outro e com Deus.

O preço a ser pago por esse encontro é assumir a realidade pessoal, as sombras e luzes que marcam o próprio modo de ser e agir. Uma maior consciência de si mesmo ajuda a prevenir problemas ou a estar atento às fragilidades e limites pessoais que tantas vezes causam sofrimento na vida pessoal ou na vida de outras pessoas e que chegam a dificultar a relação de confiança e de gratidão com o Deus Criador. E tal preço nunca é pesado demais para quem vislumbra e deseja um futuro melhor. Quanto mais alguém toma conhecimento de sua história pessoal, com suas feridas, suas sombras e seus talentos, tanto mais terá condições de deixar que a luz entre e ilumine os lugares de sombra e de sinais de morte em sua vida. Aos poucos, o mundo interior vai se purificando e, assim, se facilita a "evangelização das profundezas"[14], por meio da qual a pessoa vive o processo da liberdade interior que lhe permite reconhecer que Deus sempre esteve presente em sua vida, independentemente das dificuldades e dos sofrimentos enfrentados. Pela "evangelização das profundezas" as pessoas adentram no mais profundo de si mesmas pela psicologia e pela espiritualidade. Assim, pela escuta da Palavra de Deus e pelo acompanhamento espiritualterapêutico, além da cura das feridas e enfermidades, a pessoa é incentivada a buscar uma relação familiar com Deus e então deixar que ele a conduza pelo caminho da vida.

Também a abordagem das relações humanas através das "cinco linguagens de amor", desenvolvidas por Gary Chapman, pode inspirar maneiras de refletir a

---

14. Pacot, Simone, *Volte à Vida!*, 27-30. A autora apresente três realidades espirituais essenciais para que a Evangelização das Profundezas aconteça: *1)* A gratuidade do Amor de Deus; *2)* A graça precede sempre o movimento humano e, *3)* O esforço humano e a liberdade.

relação pessoal com Deus. Dependendo da formação religiosa que a pessoa recebeu, sua maneira de relacionar-se com Deus pode não estar de acordo com a linguagem de amor que mais a ajudaria a entrar em sintonia com o Criador. Para a pessoa cuja linguagem de amor primordial são os presentes, contemplar a Criação ou a própria vida como presentes de Deus será o caminho mais fácil de rezar e estar em comunhão com ele. Para aquela que se sente amada através do toque físico, o modo de rezar pode ser imaginar-se na presença de Jesus, de Maria ou de santos preferidos. Cada um deve descobrir, a partir da sua realidade, a forma de oração que mais lhe ajuda a sentir-se amado para assim poder amar e fazer o bem.

Quando a pessoa assume com objetividade e coragem o preço a pagar para libertar-se de todas as impurezas ou sombras acumuladas ao longo de sua vida, então, gradativamente, ela percebe e reconhece a força da vida que sempre esteve presente. Acontece a experiência da iluminação. Os talentos e os dons recebidos serão acolhidos e partilhados com alegria. A sua vida toma um novo rumo. Sua forma de se relacionar com Deus, com os outros, com a natureza e consigo mesma será mais serena, leve, positiva e integradora. O amor de Deus iluminará sempre mais a sua vida, e as trevas se afastarão do coração profundo. Essa nova vida reconhece o toque de Deus em toda a Criação e é marcada pela capacidade de amar, de agradecer, de cuidar e de partilhar. Com essa perspectiva de vida nova, perceberemos a Criação como dom de Deus, compreendermos a nós mesmos como parte dela e então tomaremos consciência de que Deus se entrega a nós também nela.

> *Para refletir e rezar*
>
> Em clima de silêncio e de paz, escute as moções e as vozes internas que orientam a sua vida. Que situações levam você a sentir-se perturbado, desanimado, com medo e confuso? Quando se encontra nessa situação, procura ajuda de outros? Quando sente paz, consolação, alegria e leveza interior, é capaz de agradecer?
>
> Para iluminar: 1 Reis 19,1-21, Elias recebe o conforto do mensageiro de Deus; Lucas 1,39-56, Maria e Isabel louvam a Deus pelas maravilhas que ele fez em suas vidas; Salmo 92, é bom louvar o Senhor.
>
> Além das referências bíblicas, o livro de Viktor Frankl, *Em busca de sentido. Um psicólogo no campo de concentração*; John Powell, *Por que tenho medo de lhe dizer quem sou?*

5

CRIADOS PARA UMA VIDA LIVRE E PLENA DE SENTIDO

> Hoje invoco os céus e a terra como testemunhas contra vocês, de que coloquei diante de vocês a vida e a morte, a bênção e a maldição. Agora escolham a vida, para que vocês e os seus filhos vivam, e para que vocês amem o Senhor, o seu Deus, ouçam a sua voz e se apeguem firmemente a ele. Pois o Senhor é a sua vida, e ele dará a vocês muitos anos na terra que jurou dar aos seus antepassados, Abraão, Isaque e Jacó (Dt 30,19-20).

Faz parte da vida humana a busca por sentido, por aquilo que atende os seus sonhos e o seu desejo de realização e plenitude. Há uma força que move e atrai os humanos para algo maior, algo que sozinhos não conseguiriam viver. Alguns conseguem aproximar-se dessa meta melhor que outros. Há pessoas que passam a vida buscando preencher este desejo de realização, de plenitude, mas o que na verdade vivem e experimentam é um vazio interno e a falta de sentido na vida. Estas pessoas talvez não tenham conseguido despertar para a vida.

Mas de que vida realmente se trata? Da vida que brota do amor divino que se manifestou através da Criação (Gn 1), da vida que é criada e é dom do Deus Criador. Nessa perspectiva, a finalidade da vida e o que lhe dá sentido é a comunhão com o Criador e suas criaturas. Essa comunhão leva ao encontro do próximo, à relação justa com todas as criaturas e ao cuidado da própria vida. Sabemos, porém, que muitos percorrem outros caminhos e acabam por sentir-se perdidos, sem rumo ou direção, inclusive chegando à beira de abismos. Essas pessoas precisam despertar para a vida verdadeira. "De fato, embora o ser humano seja chamado a uma vida bela, boa e abundante, ele encontra o mal no caminho. Este é, essencialmente, tudo aquilo que impede a vida de nascer e se desdobrar, que conduz à destruição e à morte."[1]

A pessoa dispõe do livre-arbítrio, da capacidade para fazer escolhas. Uma expressão do livre-arbítrio é a forma como decide encarar o mundo, a realidade cotidiana e o poder que tem de tomar decisões positivas. Essas decisões ajudam a pessoa a se relacionar bem com os semelhantes, a viver com leveza a vida e a cuidar de toda a Criação. A liberdade ajuda-a a permanecer em comunhão com Deus, origem da vida. Além

---

1. Pacot, Simone, *Volte à Vida!*, 19.

disso, como criatura livre, ela é chamada por Deus a fazer a opção pela vida e não pela morte, como se lê em Deuteronômio 30,11-20: para os hebreus que deixavam para atrás a escravidão no Egito, a escolha pela vida era entrar na Terra Prometida para nela viver conforme os mandamentos dados por Deus, que os tinha libertado.

Liberdade condicionada

Na vida de muitas pessoas a liberdade é condicionada ou limitada pelos conflitos, complexos e traumas carregados desde o cerne familiar. Aqueles que nasceram e viveram num ambiente familiar doentio, confuso, violento, negligente e indiferente, os condicionamentos e as forças negativas ficam registradas na sua personalidade. Esses condicionamentos também podem ser experimentados fora da família, mas geralmente impactam menos e têm menos influência no psiquismo da pessoa. Nos casos em que o impacto é mais forte, o resultado será uma personalidade condicionada e limitada no desenvolvimento da liberdade. A ajuda profissional e espiritual são recursos que podem auxiliar no processo de recuperação da liberdade adquirida e internalizada de maneira psicologicamente pouco saudável durante o período de desenvolvimento da estrutura da personalidade. Contudo, uma experiência maior ou menor de libertação dependerá, em última análise, da decisão de quem pede ajuda. Uma pessoa dependente de álcool ou de drogas, por exemplo, poderá libertar-se dessa dependência na medida em que reconhecer sua dependência e tomar a decisão de buscar ajuda para tal. Enquanto vai se libertando da dependência, o dependente também vai despertando para o sentido da vida, no qual encontrará forças e capacidades para fazer escolhas à luz de sua liberdade interior.

Viver a liberdade é um grande desafio, pois ela não combina com apegos (que na linguagem da espiritualidade inaciana recebem o nome "afetos desordenados") a coisas, ideias, trabalhos e pessoas. A liberdade que leva à plenitude da vida é capaz de viver de acordo com a afirmação de Santo Inácio: "O ser humano é criado para louvar, reverenciar e servir a Deus nosso Senhor e, assim, salvar-se. [...] Daí se segue que ele deve usar das coisas tanto quanto o ajudam para atingir o seu fim, e deve privar-se delas tanto quanto o impedem" (EE, n. 23, 2 e 4). Essa liberdade se manifesta na capacidade de usar as coisas tanto quanto ajudem a viver condignamente. Não se trata apenas da própria dignidade, mas da preocupação com a vida digna de todos, pois o processo de humanização de cada um repercute no processo de humanização de todos. Portanto, essa compreensão da liberdade é um valor que conduz o indivíduo a respeitar a vida, a pensar no bem comum e, portanto, a não destruir e a não matar. É a liberdade que, além de se preocupar com a dignidade humana, se preocupa também com todos os seres vivos, com a Mãe Terra e com toda a Criação.

A liberdade ajuda a encontrar sentido naquilo que se faz

Quando a pessoa encontra na própria vida um sentido que dá fundamento ou serve como ponto de referência ou de convergência para tudo o que faz, ela tende a ser mais positiva, animada e então gosta de fazer o que lhe cabe fazer. A sua liberdade interna e o sentido da vida a movem para uma sensibilidade que deseja colaborar com o bem mais universal, com o cuidado da Casa Comum, a fim de que a harmonia e o equilíbrio da Criação se mantenham. Em uma existência humana movida pela força da liberdade e do sentido da vida, tudo se torna mais fácil, e o desejo de fazer o bem, de ser presença boa e criativa, tornam-se a meta para sua vida. Isso a ajuda a superar a preocupação exagerada com a promoção pessoal, o sucesso, o *status* e o reconhecimento. Sendo assim, já não importa se o trabalho dá *status*, fama ou sucesso, pois o que verdadeiramente importa é fazer as coisas com dedicação e com amor, porque sabe que assim colabora para o bem maior e vive com dignidade a sua vocação e missão, e essa experiência acaba sendo fonte de satisfação e alegria. A pessoa simplesmente coloca seus dons a serviço da vida. Esse seu jeito de ser e de viver a torna presença agradável junto aos demais. Podemos dizer que esse jeito de ser manifesta a bondade de Deus que se revelou através da Criação e da presença na história humana. Aquele que livremente experimenta a própria vida como plena de sentido evita tudo aquilo que divide, que empodera a força do mal, que divide e provoca a morte na Criação. Poderíamos trazer à memória uma ou mais pessoas que expressam essa vida positiva, alegre e que estão profundamente sintonizadas com o Deus da vida. É muito recomendável aproximar-se dessas pessoas, pois elas contagiam as outras com sua atitude positiva e as inspiram a viver melhor.

Viver a liberdade desde o "coração profundo"

Quem consegue viver a partir do coração profundo, da liberdade interior, da vida com sentido, já não se preocupa em ter o melhor trabalho ou a melhor missão, pois o melhor trabalho ou a melhor missão é aquela que está a seu alcance e lhe dá a oportunidade de colocar seus dons a serviço da vida. O trabalho, por mais simples que seja, se torna um instrumento importante para colaborar com o plano redentor de Deus, o que também significa cuidar da Criação como obra de Deus. Viver do coração profundo, da luz divina que habita nele, significa aproveitar todas as oportunidades que se apresentam para fazer o bem. Significa também ir ao encontro de quem está em necessidade e colaborar com a sociedade para que todos tenham as condições básicas para viver dignamente a vida. A viúva de Sarepta (1Rs 17,9-15) é um bom exemplo disso. Em plena situação de penúria, de falta de comida e água, pois havia uma grande seca naquela região, essa viúva acreditou nas palavras do profeta e partilhou com ele o último pão que pôde fazer com o resto de farinha e azeite que ainda tinha. Ela partilhou da sua pobreza, porque era uma pessoa livre e confiava em Deus. Porque confiava e partilhou da sua pobreza, ela passou a ter farinha, azeite e água suficientes até que voltasse a chover. Ela partilhou o amor e a luz que moviam o seu coração profundo.

Outro exemplo de liberdade interior encontra-se nos relatos evangélicos da multiplicação dos pães e dos peixes.

Está aqui um menino que tem cinco pães de cevada e dois peixes... mas que é isto para tanta gente? Disse Jesus: Fazei-os assentar. Ora, havia naquele lugar muita relva. Sentaram-se aqueles homens em número de uns cinco mil. Jesus tomou os pães e rendeu graças. Em seguida, distribuiu-os às pessoas que estavam sentadas, e igualmente dos peixes lhes deu quanto queriam (Jo 6,9-11).

Certamente o menino não tinha noção do resultado da multiplicação que aconteceria. Contudo, ele representa a pureza, o não apego, a simplicidade, a transparência, a confiança e a liberdade. Por isso, ao ter cedido aquilo que tinha para comer (ou, quem sabe, para vender), possibilitou o milagre da multiplicação, e milhares de pessoas puderam se alimentar. Os exemplos da viúva e do menino podem recordar tantas outras experiências de partilha que são fruto da liberdade interior, da bondade e da confiança no Deus da vida.

Jesus é o Caminho que leva à Fonte da Vida

Qual força ou movimento interno impede alguém de viver o caminho que Jesus oferece? O que impede seguir mais de perto a Jesus Cristo, que é o Caminho, a Verdade e a Vida? Por que algumas pessoas conseguem viver transparecendo no seu rosto, no seu modo de ser e no seu modo de agir a felicidade, a alegria e a realização enquanto outras, que também se empenham (talvez até mais que aquelas) na busca de uma vida feliz, se tornam cada vez mais amargas, infelizes, frustradas e de difícil convivência? Um dos segredos está na descoberta do coração profundo.

No coração profundo a pessoa descobre e conhece o mais profundo do seu ser, aquela profundidade que experimenta quando silencia e que, aos poucos, vai iluminando a vida de dentro para fora. Dar atenção ao coração profundo permite escutar aquela voz silenciosa, a voz de Deus, que vai dizendo o que fazer e permite perceber a presença amorosa que vai plenificando e humanizando a partir de dentro, a partir do mais íntimo do próprio ser. Experimentar a presença amorosa do Deus que ilumina a existência humana ajuda a pessoa a se desarmar e tirar aquela couraça "protetora" que sufocava a Vida. Essa presença terna e luminosa é sinal de que o coração encontrou a sua força em Deus, e que Deus é a fonte da paz e da luz que habita no coração humano. Para viver mais plenamente a liberdade, é fundamental conhecer aquele lado sombrio que coabita, junto com a luz, o coração profundo. A boa notícia é que a luz divina ajuda a libertar a vida das sombras, da força negativa e da morte. Fazer esse mergulho no âmago do ser leva a entrar em contato com a fonte da paz profunda, o Deus

Criador, e assim a vida encontra seu verdadeiro sentido. Esse é o verdadeiro despertar para a vida: quando acontece a experiência da liberdade interior.

O ser humano não é uma ilha

Ao experimentar a presença amorosa de Deus que ilumina e harmoniza a vida, a pessoa se conscientiza de que não é uma ilha e reconhece ser parte de um projeto maior, o qual podemos compreender a partir da Criação, da família, da sociedade, da Igreja etc. A presença amorosa de Deus muitas vezes se dá por meio de uma pessoa amiga, sábia, um conselheiro ou mestre espiritual, que encoraja a procurar e encontrar a verdade e a encarar com realismo os próprios limites, fragilidades e, inclusive, os próprios pecados. Agindo dessa forma, a pessoa consegue ver com clareza e objetividade a raiz desses problemas e conflitos, para então começar o processo de mudança, de libertação, de renascimento e de sentir-se parte da Criação e da humanidade. Confiar ao Coração Misericordioso de Deus a história pessoal, acolher o seu perdão e sua bênção, significa ser libertado da escravidão das sombras e entrar sempre mais em sintonia com a Criação, com o Criador, com Jesus Cristo que é o Caminho, a Verdade e a Vida que leva ao Pai. Diz São Paulo: "Todo aquele que está em Cristo é uma nova criatura. Passou o que era velho; eis que tudo se fez novo!" (2Cor 5,17). Deixar-se guiar pelo Espírito de Deus no seguimento de Jesus Cristo significa caminhar com outros rumo ao Paraíso (Jardim do Éden), à Terra Prometida, onde mana leite e mel. Assim, acolher e seguir a Jesus Cristo leva a pessoa a progressivamente acolher, integrar e viver a solidariedade com as outras, segundo a proposta do Reino de Deus vivido e anunciado por Jesus Cristo.

Deus, o oleiro

O profeta Jeremias compara a ação de Deus na vida das pessoas com o trabalho do oleiro, que, da argila, modela os vasos. Deus quer modelar o coração humano para habitar nele e ser presença contínua em sua vida.

Quando o vaso que estava a modelar não lhe saía bem, como costuma acontecer nos trabalhos de cerâmica, punha-se a trabalhar em outro à sua maneira. Foi esta, então, a linguagem do Senhor: casa de Israel, não poderei fazer de vós o que faz esse oleiro? – oráculo do Senhor. O que é a argila em suas mãos, assim sois vós nas minhas, casa de Israel (Jr 18,4-6).

VIVER O DOM DA VIDA

É importante para o ser humano permitir que Deus atue em sua vida e que os ensinamentos e mandamentos divinos sejam a fonte de inspiração que o levem ao seguimento de Jesus Cristo e ao encontro dos semelhantes. Pelo perdão, Deus renova o coração. Pelo sopro do Espírito divino, Deus renova a vida que o pecado havia maculado e sufocado. Pela sua ação amorosa e misericordiosa Deus vai modelando o ser humano conforme o seu plano de amor. "O fim de nossos caminhos de evangelização das profundezas é colocar Deus em seu devido lugar em nossa vida. É retornar a Ele, vivendo plenamente nossa humanidade e deixando-a vivificar pelo Espírito."[2]

Quantas pessoas desejam viver conforme a vontade de Deus, rezam muito, fazem novenas, pagam promessas e realizam tantas outras práticas religiosas e devocionais, mas seguem sentindo o coração vazio e ficam com a sensação de que Deus está longe! Algumas até chegam a desanimar ao longo do caminho. O que está acontecendo? Tudo indica que elas carregam uma imagem negativa de Deus em seu coração profundo. Provavelmente em lugar de uma experiência do Deus compassivo e misericordioso, revelado por Jesus, têm introjetada a imagem de um Deus castigador e vingativo,

---

2. Ibid., 16.

que causa medo e está pronto para condenar. Há também pessoas que, dadas as distrações e dispersões na vida, não encontram tempo para silenciar e escutar o que Deus quer falar. Outras têm medo do silêncio, porque, se silenciarem, as vozes e forças negativas existentes no coração profundo, que são sufocadas pelo ativismo e pelos ruídos, podem se manifestar. E muitos não estão preparados para lidarem com essas vozes que são ameaçadoras e destrutivas. Elas podem estar representando a força do mal que não quer ser incomodada.

As experiências traumáticas e doloridas do passado, registradas no coração profundo, seguem causando sofrimento, medo, sentimentos de inferioridade e de indignidade. Quem é dominado por essas forças negativas dificilmente conseguirá abrir-se à presença amorosa e terna de Deus que perdoa, ilumina e renova o coração humano. Para essas pessoas, a presença de um guia espiritual ou um conselheiro pastoral pode ser de grande ajuda no processo de purificação e de libertação de tudo aquilo que ofusca a vida. Esse acompanhamento pode ajudá-las a encontrar o caminho para Deus, a fonte da vida, no qual encontrarão paz, harmonia, serenidade e plenitude de vida. É Deus quem de fato liberta a pessoa de seus limites, de suas sombras e de seus pecados, mas ele conta com a colaboração humana. Por isso é bom estender a mão para quem precisa de ajuda ou a pede. Por outro lado, é muito importante que a pessoa também se confie a Deus, mergulhe no silêncio e procure escutar as vozes de Deus que habitam no seu coração profundo.

A presença da sombra e da luz na vida da pessoa

Todo ser humano é marcado por sombra e por luz. A sombra se entende como a dimensão negativa da vida, aquilo que confunde, causa frustração, é o vazio interior, o desencanto e aquilo leva à morte. A luz, por outro lado, leva à verdade de si mesmo, ajuda a contemplar o lado positivo da vida, desperta para o bem, para a paz e a realização, para a solidariedade e a partilha fraterna. A sombra se esconde na vergonha, nos becos escuros, nas passagens secretas e na falsa aparência de bem-estar. Às vezes a dimensão da sombra se apresenta em forma de luz, mas uma luz que, no lugar de iluminar, ofusca, impede a visão nítida e leva à cegueira mediante propostas atraentes e aparentemente boas, mas que aos poucos vão esvaziando e minando a vida com sentimentos negativos, mal-estar e desolação. Nos *Exercícios espirituais*, Santo Inácio apresenta uma série de regras para que a pessoa possa discernir entre o que é da sombra e o que é da luz, o que ele chama respectivamente de "mau espírito" e de "bom espírito". Numa delas, diz Santo Inácio:

> É próprio de Deus e dos seus anjos dar verdadeira alegria e gozo espiritual com suas moções, tirando toda a tristeza e perturbação, induzidas pelo inimigo. Deste é próprio combater essa alegria e consolação espiritual, trazendo razões aparentes, sutilezas e frequentes enganos (EE, n. 329).

Em outra regra, apresenta uma definição da maneira como o "mau espírito", a sombra, atua: "O inimigo procede também como um sedutor, querendo permanecer escondido, sem ser descoberto. Ele quer e deseja que suas astúcias e insinuações sejam recebidas e conservadas em segredo pela pessoa justa" (EE, n. 326). A presença da luz e da sombra causam tensão na vida. Mas a sabedoria leva a pessoa a aprender também com as experiências de sombra, para que assim a luz a conduza sempre mais ao crescimento na liberdade interior e na capacidade de viver o dom da vida com criatividade, leveza, alegria e gratidão.

Um dos maiores erros que uma pessoa pode cometer é tentar esconder, manter como segredo muito pessoal suas experiências negativas ou os erros cometidos.

VIVER O DOM DA VIDA

Quando ela decide esconder as próprias fragilidades, erros e fracassos, assume um "compromisso" que lhe exigirá um preço muito alto a pagar, pois manter "escondido" algo que não foi bom requer tempo e contínuas estratégias para manter oculto este ou aquele aspecto "vergonhoso" na vida. Muita energia precisa ser investida para manter o segredo, e mesmo assim não há nenhuma garantia de que algum dia ele não será descoberto.

Se a pessoa tende a esconder as atitudes e comportamentos negativos de sua vida, em pouco tempo as suas energias vitais serão absorvidas e consumidas nesse esforço. Não assumir os próprios limites e fragilidades exige manter, perante os outros, uma autoimagem que não é verdadeira, o que demanda um grande investimento pessoal. Já não sobra tempo e espaço para que no coração profundo a presença amorosa de Deus possa se revelar, agir e renovar energias e forças. Ao esconder nas sombras os próprios limites, a pessoa pode justificar-se pelo temor da vergonha que experimentaria se outros chegassem a conhecê-los. O problema é que por detrás da vergonha a pessoa pode estar escondendo e alimentando o orgulho e a pretensão de ser perfeita. Pode ser também que até o faça com boa vontade, mas não percebe que ao querer camuflar e esconder suas fragilidades elas se transformam numa bola de neve, que cresce gradativamente, consumindo cada vez mais a sua vitalidade. Assim a pessoa acaba afundando-se nos seus problemas, e sua vida acaba por girar em torno da falta de luz e esperança, em torno da morte. O resultado desse modo de agir pode ser o vazio existencial, o desânimo, o desencanto e a falta de sentido na vida.

A onipotência, o orgulho e outros vícios

Uma das consequências da atitude de esconder as próprias fraquezas, limites e fracassos, é o crescimento da ilusão da onipotência no coração profundo[3]. Pela onipotência, a pessoa nega os seus limites, as suas fragilidades, seus medos e fracassos e alimenta a ilusão de ser perfeita. Dessa forma, nega a condição humana, isto é, a própria condição de criatura, limitada, falível, condicionada, contingente, e se situa na vida no mesmo plano do Criador. Pela onipotência ela alimenta a ilusão de ser deus ou como Deus. A Bíblia expõe essa atitude humana no relato de Adão e Eva: "Então, a serpente disse à mulher: Certamente não morrereis. Porque Deus sabe que, no dia em que dele comerdes, se abrirão os vossos olhos, e sereis como Deus, sabendo o bem e o mal" (Gn 3,4-5). Adão e Eva se desviaram da vocação e

---

3. Ibid., 68-69.

missão que o Criador havia confiado a eles. Não estavam satisfeitos, queriam mais, e deixaram que a inveja os conduzisse para as ciladas do inimigo. A busca por onipotência leva, sutilmente, ao orgulho e à ilusão de ser ilimitado. A pessoa acredita que pode tudo e alimenta a total autossuficiência. Ora, quem acredita não ter limites, não necessita da misericórdia de Deus. Não necessitando da misericórdia divina, não sente necessidade de ser salvo por Jesus Cristo. Torna-se alguém iludido, confuso, perdido e deslocado no meio dos seus semelhantes.

A onipotência e o orgulho podem ser compreendidos como a mãe de todos os vícios, como a origem da sombra que gradativamente vai suplantando, cobrindo a luz presente no coração profundo. "Receamos que, se lançarmos luz nessa escuridão, isso nos fará sentir uma imensa vergonha ou, até pior, nos levará a expressar nossos piores pesadelos."[4] Santo Inácio, nas regras para o discernimento dos espíritos, alerta a quem faz os *Exercícios espirituais* a estar atento ao modo de proceder do inimigo da natureza humana: como este vai conduzindo a pessoa da suavidade e gozo espiritual à agitação, à turbulência e à prática do mal. Por outro lado, convida

---

4. CHOPRA, Deepak; FORD, Debbie; WILLIAMSON, Marianne, *O efeito sombra*, São Paulo, Lua de Papel, 2010, 5.

a prestar atenção a como o bom espírito leva a sentir paz, consolação, gratidão, disponibilidade em servir, a fazer o bem e a reconhecer-se criatura amada por Deus (EE, n. 314). São dois movimentos diametralmente opostos. Percebê-los requer tempo, durante o qual se deve prestar muita atenção aos movimentos que vêm do coração profundo, àquilo que ele me vai dizendo. Infelizmente, na sociedade hodierna, como já vimos acima, as pessoas estão muito ocupadas e têm cada vez menos tempo para si mesmas, para se sentirem e se conhecerem. A hiperatividade tornou-se um caminho de fuga da verdade pessoal. O medo de olhar para o coração profundo, de escutar o que ele tem a dizer, faz com que o tempo vago seja preenchido com festas, bebidas, drogas, correria, shows, redes sociais, espetáculos e assim por diante. Quanto mais a pessoa foge de sua verdade, mais sentirá necessidade de estar ocupada para não sentir as vozes e as inquietações internas. Ela vive numa ilusão e busca a realização por caminhos errados.

Nós gostamos de ver a vulnerabilidade e a verdade transparecerem nas outras pessoas, mas temos medo de deixar que as vejam em nós. Isso porque tememos que a nossa verdade não seja o suficiente, que o que temos para oferecer não seja o bastante sem os artifícios e a maquiagem, sem uma edição pronta para exibição[5].

A educação que recebemos na infância, que se reforça na juventude e na vida adulta, é a base que leva a negar a imperfeição. Aprendemos que falhar, ser vulnerável e ter limites não é bom e isso faz com que nos sintamos menos que os outros ou que não estamos bem. A família, os grupos sociais (inclusive aqueles religiosos), condenam alguns tipos de falhas e fraquezas humanas, caracterizando-as negativamente de maneira muito incisiva. Isso faz com que as pessoas se sintam problemas na sociedade, seres desajustados, talvez até monstros. Dificilmente se questiona a educação equivocada e a manipulação das pessoas para obter mais bens materiais e *status* social. Publicamente se apresenta a perfeição como a meta a ser alcançada por qualquer pessoa. Muitas vezes grupos de interesse manipulam a sociedade no sentido de rechaçar, ou desprezar, esse ou aquele tipo de pessoa ou grupo humano. A falta de compaixão, de misericórdia e de solidariedade para com quem sofre por causa das suas próprias fragilidades agrava os problemas. O resultado desse modo de proceder "puritano" é um comportamento humano cada vez pior.

---

5. BROWN, Brené, op. cit., 28.

A condenação de uma pessoa por suas falhas não permite nunca um olhar verdadeiro para as raízes dos limites que podem se encontrar naqueles que condenam, mas ajuda a reprimir e a jogar a fonte da fragilidade para os espaços ou refúgios obscurecidos do coração profundo ou nos becos escuros e perigosos das cidades e vilas. Dia após dia vemos escândalos através das mídias sociais e todos se dão o direito de julgar e condenar essa ou aquela pessoa. A falsidade e o farisaísmo dessa conduta estão no fato de que, quem hoje julga e condena, amanhã procura esconder ou maquiar os seus próprios limites e fragilidades com a esperança de não ser julgado e de não cair nas telas das mídias sociais. Esse modo de proceder já se transformou num círculo vicioso. De tempos em tempos, a causa dos escândalos muda, muitas vezes atendendo a interesses ou vantagens religiosas, políticas e econômicas. Quem condena não está preocupado em ajudar a pessoa condenada e "perigosa", em oferecer-lhe meios adequados que a ajudem a supcrar suas fragilidades. Antes, pode estar atendendo e favorecendo os interesses de alguns grupos ardilosos que se aproveitam para tirar vantagens às custas da fraqueza de outros. Tal comportamento humano corresponde à dinâmica da sombra, da força do mal, e segue enfraquecendo e extinguindo a luz que também se encontra no coração profundo. Assim, a vida vai perdendo o seu brilho. Muito ajudaria se também se procurasse dar nome às causas sociais, políticas e religiosas que em tantos casos provocam certo comportamento desequilibrado e doentio nas pessoas. "Experimentar a vulnerabilidade não é uma escolha – a única escolha que temos é como vamos reagir quando formos confrontados com a incerteza, o risco e a exposição emocional."[6]

Ajudar as pessoas a se libertarem das dinâmicas negativas em sua vida

A finalidade da direção espiritual e do aconselhamento pastoral não é apenas a de escutar as pessoas e ajudá-las a encontrar meios para integrar ou superar os traumas, os medos e os conflitos. Isso seria muito pouco. Tanto a direção espiritual quanto o aconselhamento pastoral querem ajudar as pessoas a encontrar as forças e os meios para se libertarem de tudo aquilo que as impede de viver com alegria e gratidão o dom da vida. Esse é o primeiro passo. O passo seguinte e fundamental é ajudá-las a começar a viver a partir da luz, transformando-se elas mesmas em luz para o mundo através do seu modo de ser e agir. A direção espiritual e o

---

6. Ibid., 31.

aconselhamento pastoral querem ser meios para que as pessoas aprendam a fazer as melhores escolhas, aquelas que lhes permitem trabalhar com alegria, com gosto e conviver com os outros sem a autoanulação, mas também, vivendo na luz, não julgar ou condenar os outros, nem considerar-se melhor ou superior a eles. Em suma, o processo de integração e liberdade interior leva o indivíduo a viver em paz, a ser presença de paz, de luz, de plenitude, de justiça e harmonia com toda a Criação, reconhecendo a sua condição de criatura amada por Deus. Felizmente, através da direção espiritual ou de outras ajudas profissionais, muitas pessoas atingiram um grau altamente satisfatório de vida positiva, equilibrada e integrada.

Outra meta da direção espiritual e do aconselhamento pastoral é servir de meio para motivar as pessoas a procurar e encontrar sentido para a vida, para viver uma vida serena e integrada, reconhecendo-se como criaturas amadas, sentindo-se responsáveis pelo bem-comum e vivendo em harmonia com toda a Criação. São instrumentos que facilitam o acesso à maturidade humana e cristã, à imagem positiva da própria existência e à reconciliação consigo mesmas, com Deus, com os outros e com a Criação. Essa maturidade leva a respeitar o próximo como um outro de si mesmo. A pessoa integrada, que encontra sentido na vida, não exclui ninguém e procura evitar tudo aquilo que viola a vida e a integridade da pessoa humana. "Quanto a nós, não recebemos o espírito do mundo, mas o Espírito que vem de Deus, a fim de conhecermos os dons da graça de Deus" (1Cor 2,12). A força do Espírito leva a pessoa a descobrir a sua dignidade de criatura amada pelo Criador. A maturidade humana e cristã leva à justa relação entre o coração profundo, a psique e o corpo. Além disso, leva ao reconhecimento da condição de ser criatura e imagem de Deus, o que eleva o ser humano à ordem do sobrenatural, isto é, de filho ou filha de Deus, criatura nova e participante da vida e missão de Cristo. Soma-se à condição filial o germe de santidade recebido no batismo. "A vontade de Deus é a vossa santificação" (1Ts 4,3), isto é, o crescimento integral até a plena maturidade humano-cristã. "E criou Deus o homem à sua imagem; à imagem de Deus o criou; homem e mulher os criou. E Deus os abençoou. E viu Deus tudo quanto tinha feito, e eis que era muito bom; e foi a tarde e a manhã, o dia sexto" (Gn 1,27.31).

A vida é um presente de Deus

Ao criar, Deus se dá a conhecer ao ser humano e partilha com ele a sua essência, isto é, a sua bondade e o seu amor. Mas o ser humano, pela sua condição de falibilidade, não consegue, por suas próprias capacidades e forças, integrar em sua vida essa bondade, não consegue que ela se torne força motora vital. Ele precisa de socorro, de ajuda e de auxílio. Na contemplação da encarnação do Filho de Deus, segundo os *Exercícios espirituais* de Santo Inácio, a pessoa é convidada a colocar-se em atitude de admiração e contemplação para perceber como Deus, na sua infinita bondade, decidiu enviar o próprio Filho, a Segunda Pessoa da Trindade, para resgatar e redimir a humanidade dominada pelas trevas. Diz o texto de Santo Inácio:

> Lembrar como as Três Pessoas divinas olhavam toda a superfície plana ou curva do mundo, cheia de gente. Vendo como todos desciam ao inferno, determinam, em sua eternidade, que a Segunda Pessoa se faça homem, para salvar o gênero humano. Assim, chegada à plenitude dos tempos, o anjo Gabriel foi enviado a Nossa Senhora (EE, n. 102).

O Filho de Deus, dentro do plano redentor do Pai, encarnou-se para iluminar a vida humana e libertar o ser humano das trevas, reintroduzindo-o no caminho da bondade e da luz e transformando-o em nova criatura, como se lê no Prólogo do Evangelho de São João (Jo 1,1-18). O Filho de Deus, a Luz do Mundo, vindo em socorro do ser humano escravizado e desumanizado pelo pecado, redime a humanidade ao oferecer a todos a chance de renascer, de se tornarem nova criatura em Cristo. Cabe a cada pessoa dar a sua resposta pessoal ao convite que o Pai faz por meio do Filho na força do Espírito Santo. Quanto mais plena for essa resposta, tanto mais Deus iluminará a sua vida. Este é o caminho que conduz à vida plena, à vocação original de toda pessoa: ser imagem e semelhança de Deus (Gn 1,26). Assim "Deus enxugará dos seus olhos toda lágrima. Não haverá mais morte, nem tristeza, nem choro, nem dor, pois as coisas antigas desapareceram" (Ap 21,4).

Para refletir e rezar

Em clima de silêncio e de paz, escute as moções e as vozes internas que orientam a sua vida. A liberdade interior, que dirige a pessoa a escolher aquilo que mais a ajuda a fazer a vontade de Deus, a viver com alegria e leveza o dom da vida, leva a uma comunhão sempre maior com o Criador. Quais experiências em sua vida pessoal, sua família e sua comunidade são sinais dessa liberdade que plenifica a vida? Veja se não há mais aspectos a serem desenvolvidos a fim de que a liberdade interior possa brotar abundantemente e dar bons frutos em sua vida.

Alguns textos bíblicos podem ajudar nessa busca da liberdade interior. Em João 10,1-16 Jesus, o Bom Pastor, diz que veio no meio de nós para que todos tenhamos vida, e vida em abundância. Paulo, dirigindo-se aos Gálatas, expressa a sua liberdade interna quando diz que "já não sou eu quem vive; é Cristo que vive em mim" (Gl 2,15-20). A passagem de Deuteronômio 30,16-20 mostra Moisés desafiando o povo de Deus a fazer a escolha pela vida e não pela morte. Por fim, o livro de Simone Pacot, *Volte à Vida!*, é outra leitura que ajuda muito na conquista da liberdade interior.

6

TEMPO DE SILÊNCIO E DE ORAÇÃO

Orar significa dirigir sem interrupção o pensamento e a atenção à lembrança de Deus, caminhar em sua presença, despertar em si seu amor, pensando nele, e associar o nome de Deus à sua respiração e às pulsações de seu coração. Em tudo é guiado pela invocação, com os lábios, do santíssimo nome de Jesus Cristo, ou pela recitação da Oração de Jesus, em todo tempo e lugar, durante qualquer trabalho, sem interrupção[1].

Em seu livro *O clube das 5 da manhã*[2], Robin Sharma trata da importância de uma hora de silêncio para

---

1. *Relatos de um peregrino russo*, Petrópolis, Vozes, [4]2013, 90. O autor da obra é um russo anônimo do século XIX, em cuja obra lemos a história de um homem que buscava um método de oração. Pela leitura da Bíblia, aprendeu que devíamos "orar sem cessar". Depois de muita busca, encontrou um monge que lhe ensinou a repetir o nome de Jesus, ou seja, o mantra "Senhor Jesus Cristo, tende piedade de mim pecador". Essa oração satisfez seu coração e sua mente.
2. SHARMA, Robin, *O clube das 5 da manhã*, Rio de Janeiro, Best Seller, 2019. Nesta obra, Sharma descreve os efeitos positivos que o hábito da hora de silêncio no início do dia tem na vida da pessoa. Ele divide a hora em três momentos diferentes:

começar bem o dia, referindo-se a pessoas com função de liderança e de sucesso profissional que têm o hábito de começar o dia com um período de silêncio. Além do sucesso profissional, elas também conseguem levar um estilo de vida simples, saudável e de solidariedade com os demais. Segundo ele, começar o dia com uma hora de silêncio para observar e sentir a vida interior, para um momento de espiritualidade, para fazer projetos e pensar as atividades do dia, é uma atitude que leva ao sucesso na vida profissional, no âmbito relacional e na relação consigo mesmo. O silêncio da primeira hora do dia permite escutar e olhar para o coração profundo.

"Mesmo com crenças inabaláveis e o pensamento notável da mente elevada, você não vencerá se tiver o coração cheio de raiva, tristeza, decepção, ressentimento e medo."[3] Para libertar o coração desses sentimentos negativos, que simbolizam a sombra, é fundamental alimentar o espírito e deixar-se iluminar por ele. O sucesso ou êxito humano e profissional e a liderança positiva dependem da capacidade de alimentar a mente com pensamentos positivos, libertar o coração das sombras, cuidar da saúde através de exercícios físicos e alimentar a

---

momento de meditação, momento de planejamento e momento de autoconhecimento.
3. Ibid., 136.

alma através da oração e da espiritualidade. Quem consegue integrar bem essas quatro dimensões em sua vida, tem grandes chances de ser uma pessoa feliz, livre, de boa convivência e bem integrada com toda a Criação. Dentre essas quatro dimensões merece destaque a vida de oração. Pois a oração é uma atitude que deixa a pessoa mais em sintonia com o Deus da vida e a sintonia com o Deus Criador plenifica a vida, alimenta o desejo de viver e de fazer o bem tantas vezes quanto for possível.

Vantagens de começar o dia com uma hora de silêncio

São várias as vantagens de começar o dia com uma hora de tempo pessoal. Sharma divide essa hora em três momentos de 20 minutos: *1) Movimento*. A primeira atividade depois de despertar são os exercícios físicos. Eles deixam o corpo mais desperto e ajudam a manter o foco naquilo que se faz. Assim, a saúde física e emocional tende a se fortalecer. *2) Reflexão*: Durante esses 20 minutos a pessoa é convidada a rezar, a meditar e a refletir, o que a ajuda no seu crescimento pessoal, levando à felicidade, à sabedoria, à serenidade e à realização na vida, pois propicia o encontro da inspiração e a identificação cada vez maior do sentido da vida. *3) Crescimento*: O terceiro momento favorece a formação permanente.

Através de leituras interessantes, bons vídeos ou outros recursos que apresentem temas para a reflexão e meditação, a pessoa aumenta seu conhecimento e a capacidade de realizar bem os afazeres cotidianos. Além do crescimento e da integração pessoal, o resultado positivo também se dará no trabalho e na missão. Se esses curtos períodos de já fazem uma diferença significativa na vida de alguém, como será quando se tomar mais tempo para o silêncio, para a escuta da voz e dos apelos de Deus desde o coração profundo?

Evitar as distrações

Além das atividades físicas, da reflexão e do crescimento que são contemplados durante a primeira hora do dia em vista do crescimento pessoal, profissional, relacional e espiritual, outro hábito ou modo de proceder é o de evitar as distrações. As distrações atrapalham ou impedem o foco e a concentração. A disciplina se torna uma ferramenta importante na luta contra as distrações. Pela disciplina, a pessoa é capaz de programar o dia e escolher as atividades que de fato a ajudam a viver melhor e a realizar o trabalho-missão a ela confiado. Vivemos numa sociedade de ruídos contínuos. Os meios sociais, ainda que agilizem a comunicação, se não são

TEMPO DE SILÊNCIO E DE ORAÇÃO

usados com critérios e equilíbrio, podem ser um veneno para quem deseja silenciar e crescer desde o coração profundo. O sucesso no trabalho depende da capacidade de concentração da pessoa. A concentração, por sua vez, requer silêncio, um clima calmo e sereno. Não adianta nada querer trabalhar, estudar ou rezar e ao mesmo tempo responder a mensagens do *WhatsApp*, por exemplo. É preciso delimitar os tempos para vivenciar, de forma consciente e livre, as diferentes atividades e experiências que a vida oferece diariamente.

> Passar cinco minutos daquela primeira hora de seu dia celebrando todas as coisas boas em sua vida, entrará em um profundo estado de felicidade. E por mais que isso possa parecer piegas, pessoas felizes realmente se tornam líderes felizes. E líderes felizes não só fazem um trabalho melhor, mas também são uma ótima companhia[4].

---

4. SHARMA, Robin, *O líder sem status*, 291-292. Robin Sharma é um dos autores de maior renome no campo da gestão e do desenvolvimento pessoal. Nesse livro, apresenta técnicas e práticas que ajudam os leitores a desenvolverem suas capacidades de liderança e, por meio da liderança positiva, obter sucesso nas empresas, na vida pessoal e profissional. Ele enfatiza muito a importância do espírito positivo e da esperança para influenciar aqueles com quem se convive e trabalha.

Muitas pessoas podem até evitar os barulhos externos, mas não conseguem controlar a agitação interna. Não conseguem o silêncio interno, porque muitas vozes negativas, agressivas e ameaçadoras estão ativas no seu coração profundo. Para quem encontra dificuldades ou medos para olhar para dentro de si, para ouvir suas vozes interiores, pedir a ajuda de outros é uma boa escolha. O aconselhamento pastoral, através de técnicas terapêuticas, pode ajudar a dar nome às ameaças e aos ruídos provocados pelas diferentes vozes internas que não querem perder o seu lugar. Estas vozes podem representar os contratos psíquicos, os mecanismos de defesa e os medos internalizados. Nessas vozes e ruídos o "mau espírito" pode estar infiltrado, e ele não quer ser incomodado. No aconselhamento pastoral e na direção espiritual, o profissional tem condições de acompanhar essas pessoas nos seus processos de reconciliação com o passado, na sua libertação das sombras e no abrir as portas e janelas do seu coração profundo para que seja iluminado pela luz da vida, a Luz do Mundo. A presença da luz divina liberta, plenifica, renova, encoraja e torna a pessoa alegre, generosa, criativa, confiante e disponível para responder ao projeto de Deus em sua vida.

A oração na tradição cristã

Na tradição cristã, a primeira hora do dia é normalmente reservada para o tempo de oração. Em muitos lugares existem inclusive programas de rádio chamados *Primeira prece do dia*. À luz da Palavra de Deus, a pessoa agradece a noite que passou, oferece a Deus o dia que começa e pede a bênção para viver bem o dia que inicia. O conteúdo da oração, inspirado na Palavra de Deus, são os desafios cotidianos a serem enfrentados, as decisões a serem tomadas, a escuta do que Deus quer falar, e a renovação do sentido da vida. São muitas as pessoas que partilham experiências de consolação, de inspiração e de confirmação na vida e missão feitas durante esse tempo privilegiado de silêncio e oração no início do dia. Na vida religiosa consagrada, começar o dia com a oração é praticamente norma a ser seguida. No entanto, esse tempo privilegiado de silêncio ou de oração terá efeitos mais positivos se praticado não como obrigação imposta pelas normas, mas como valor que se assume na liberdade adulta e que se busca viver pessoalmente todos os dias. Certo dia, durante a confissão, um senhor já com bastante idade me disse: "Padre, se não começo o dia com um momento de oração, passo o dia com a sensação de que falta alguma coisa. Nesse momento de silêncio digo a Deus como me sinto, o que me preocupa e peço a sua bênção". E concluiu: "Tenho certeza de que ele nunca falhou com a bênção". Experiências similares certamente podem ser partilhas por muitas pessoas que iniciam o dia com o tempo de oração, o tempo de silêncio interior e exterior. Tendo tido oportunidade de ouvir a partilha de muitas pessoas através dos retiros espirituais ou do acompanhamento espiritual, posso afirmar que grande parte delas tem o hábito de começar o dia com a hora de silêncio, de oração, meditação ou contemplação, para refletir sobre as atividades a realizar ao longo do dia e pedir a Deus que as inspire através da ação do Espírito Santo. Contudo, nem sempre os resultados são positivos.

Em alguns casos, porém, a oração ou o tempo de "silêncio" são vividos mais como cumprimento da norma, e não como oportunidade de serenar-se e entrar em sintonia com o Senhor. Pelo contrário, aquele tempo no início do dia converteu-se, nesses casos, em parte de uma rotina automática do dia. Por isso, falta a consciência e o desejo profundo de fazer desse momento um tempo especial, o mais importante do dia, e renovar a confiança no Senhor da vida. Infelizmente, há situações humanas nas quais as preocupações e os conflitos internos não permitem à pessoa silenciar e escutar a voz de Deus a partir do coração profundo. A oração, contudo, deve ser assumida como importante, não porque está prescrita como norma, mas porque eu sei que me ajuda e que é um tempo de graça que harmoniza a vida, que leva à intimidade com o Senhor e à comunhão com toda a Criação.

Contudo, não basta garantir uma hora diária para começar o dia em oração. É necessário entrar de fato em clima de oração para colher bons frutos desse tempo. Nesse sentido, é necessário silenciar o coração profundo e a mente. À noite, durante a prece de agradecimento pelo dia que passou, ajuda muito que já se tome conhecimento do trecho da Palavra de Deus que se pretende usar na oração da manhã seguinte. Assim, ao despertar pela manhã, o pensamento já se volta à Palavra de Deus lida na noite anterior. Ao longo do dia a pessoa consegue encontrar Deus em todas as coisas à luz da experiência de oração ou de silêncio presente no início do dia. Muitas pessoas, porém, fazem exatamente o processo inverso. Por exemplo, o uso inadequado do celular para ver notícias e enviar mensagens tem se tornado o primeiro hábito do dia em suas vidas. Depois querem rezar. Dessa forma, primeiro criam e alimentam a distração e a dispersão e depois desejam entrar em oração. O aconselhável é que a dinâmica seja inversa. Fazer primeiro o tempo de oração. Ao despertar, o corpo está mais calmo e a mente menos dispersa e distraída. Além do mais, um pequeno exercício de relaxamento, para acalmar-se e escutar as vozes internas, pode criar um clima ainda mais favorável para uma oração profunda.

Preparar o ambiente para rezar

O tempo de oração convida a entrar em sintonia com Deus, com o sagrado, com o essencial da vida humana. É importante preparar bem esse primeiro momento do dia para renovar a aliança com o Deus da vida, renovar a consciência de que sou criatura amada por Deus e de que sou enviado para amar, servir, ser feliz e ser sal da terra e luz do mundo. Há diferentes lugares e espaços que ajudam a rezar. Alguns preferem um oratório ou uma capela; outros, um lugar ao ar livre; outros, ainda, um lugar silencioso e adaptado para o momento de oração. Existem pessoas que organizam o seu espaço para a oração colocando nele uma vela, um crucifixo e põe uma música de fundo própria para orar. Quanto mais quietude e calma interior a pessoa conseguir criar e cultivar, mais perceberá a presença de Deus que ilumina, que pacifica o coração, que renova e plenifica a vida.

As pessoas que se destacaram ou se destacam no seguimento a Jesus Cristo, reconhecidas por sua santidade ou por seu modo alegre e positivo de viver a vida, geralmente praticam longas horas de silêncio, de vida interior, de oração. Muitas delas tiveram ou têm o hábito de rezar durante a madrugada ou muito cedo pela manhã. A grande vantagem de rezar nessas horas é o silêncio externo. Além do silêncio externo, também há menos distrações. Normalmente o celular e os outros meios de comunicação, que dispersam a mente, estão desligados. O silêncio exterior facilita o silêncio interior. Quanto maior o silêncio interior, mais a pessoa conseguirá sentir e perceber tanto suas limitações quanto suas fortalezas. Recordará suas experiências positivas e escutará a voz de Deus que fala a partir do coração profundo. Assim, gradativamente, ela sente paz interior, entra em comunhão com o Criador, e é capaz de escutar a voz de Deus e perceber os seus apelos. A profunda sintonia com o Deus da vida desperta e fortalece na pessoa a bondade, o amor e a misericórdia. Vai acontecendo uma configuração sempre mais profunda com Jesus Cristo. Portanto, nunca é demais encontrar o melhor tempo para rezar, para estar disponível ao que Deus deseja para mim, para escutar o que ele quer falar e comunicar. "Na atitude de silêncio a vida encontra o caminho sob uma luz mais clara, e o que é elusivo e enganador, resolve-se em uma clareza cristalina" (Mahatma Gandhi).

Deus dá um coração novo

A comunhão com o Deus da vida, o Deus de Jesus Cristo, e a paz interior que dela nasce, favorecem o reconhecimento de tudo aquilo que não é bom, que atrapalha e afasta dessa sintonia profunda com o divino. Quando alguém é capaz de reconhecer as sombras interiores, os medos, os traumas, os limites e os pecados, quando consegue dar nome a tudo isso, então, guiado pelo Espírito de Deus, se confia ao coração misericordioso de Deus Pai, acolhe o perdão e assim deixa Deus retirar o coração de pedra para colocar em seu lugar um coração de carne:

> Eu vos darei um coração novo e em vós porei um espírito novo; tirarei do vosso peito o coração de pedra e vos darei um coração de carne. Em vós porei o meu Espírito e os levarei a agir segundo os meus decretos e a obedecer fielmente às minhas leis. Habitareis na terra que dei aos seus antepassados; e serão o meu povo, e eu serei o vosso Deus (Ez 36,26-28).

A mensagem desse texto conecta-se com aquela imagem do deixar-se modelar pelo Criador, banhar-se na luz divina ou na água da vida. O coração novo, movido pelo Espírito de Deus, ajuda a pessoa a viver a justiça, a verdade, a partilha, o perdão e a solidariedade. Ela se torna sal da terra e luz do mundo (Mt 5,13-14).

O coração novo significa vida nova em Deus. Quanto mais alguém deixa Deus ocupar o lugar central do seu coração profundo, mais vive com alegria, com gratidão, com liberdade e com generosidade. A presença de Deus liberta a pessoa das suas feridas e reacende no seu coração profundo a chama de amor. A força do amor a conduz ao encontro dos demais, especialmente dos mais necessitados, leva-a a celebrar e se alegrar com os que estão alegres e a sofrer e chorar com os que sofrem e choram. O amor de Deus arde em seu coração de forma que não quer guardar essa extraordinária riqueza e bem-estar para si mesma. Ela quer partilhar, anunciar e testemunhar essa graça com toda a humanidade. Narra-se, junto à experiência dos discípulos de Emaús, como eles deixaram sua casa correndo e voltaram a Jerusalém para partilhar com os outros discípulos a alegria do encontro que tiveram com o Senhor Ressuscitado.

Neste momento, seus olhos se abriram, e eles o reconheceram. Ele, porém, desapareceu da vista deles. Então um disse ao outro: "Não estava ardendo o nosso coração quando ele nos falava pelo caminho e nos explicava as Escrituras?".

Naquela mesma hora, levantaram-se e voltaram para Jerusalém, onde encontraram reunidos os Onze o os outros discípulos (Lc 24,30-33).

Quantas vezes também você foi abençoado com a consolação, com a paz profunda, com a sensação de estar envolvido pela ternura da presença divina e desejou partilhar tudo isso com pessoas próximas a você. A experiência do amor de Deus não é para ser guardada ou escondida no coração profundo, mas partilhada e anunciada aos demais.

O coração novo que Deus dá à pessoa transforma sua vida e a leva à solidariedade e à comunhão com a humanidade e com toda a Criação. A primeira comunidade cristã, animada e inspirada pelo testemunho que os Apóstolos deram sobre Jesus Cristo, fez com que as pessoas superassem o egoísmo, o individualismo, o desejo de acumular as coisas para si, e colocassem tudo em comum.

Todos os que abraçavam a fé viviam unidos e possuíam tudo em comum. Vendiam suas propriedades e seus bens e repartiam o dinheiro entre todos, conforme a necessidade de cada um. Perseverantes e bem unidos, frequentavam diariamente o templo, partiam o pão pelas casas e tomavam a refeição com alegria e simplicidade de coração. Louvavam a Deus e eram estimados por todo o povo. E, cada dia, o Senhor acrescentava a seu número mais pessoas que seriam salvas (At 2,44-47).

Quem deixa Deus habitar no seu coração profundo e o deixa iluminar a sua vida, vive com mais liberdade, desapego, plenitude, gratidão, solidariedade e compaixão.

Outro fruto do coração novo é a simplicidade de vida. Quanto mais a pessoa acolhe o amor e a luz divina em sua vida, tanto mais deseja fazer o bem, estar em harmonia com o universo, com a Criação, de modo que as virtudes da simplicidade e da humildade marcarão seu jeito de ser e agir. Então a vida e toda a Criação são acolhidas como dom de Deus. Com o coração ardendo pleno de luz, ela contempla a Criação e pede também a graça do "conhecimento interno de tanto bem recebido, para que possa em tudo amar e servir à sua divina Majestade" (EE, n. 233). É chamada também a "ponderar com muito afeto quanto Deus nosso Senhor tem feito por mim" e o que poderá "oferecer e dar à sua divina Majestade" (EE, n. 234, 2-3). Quanto mais se abre o coração profundo para Deus, mais se confia a ele e se coloca à sua disposição.

Tomai, Senhor, e recebei toda a minha liberdade, minha memória e entendimento e toda a minha vontade. Tudo o que tenho ou possuo. Vós me destes. A vós, Senhor, o restituo. Tudo é vosso. Disponde segundo a vossa vontade. Dai-me o vosso amor e a vossa graça, pois ela me basta (EE, n. 234, 4-5).

O tempo de silêncio na vida de Jesus

O tempo de silêncio na tradição cristã se inspira em Jesus Cristo. Toda vez que devia tomar decisões importantes, para manter-se fiel à vontade do Pai, retirava-se ao alto da montanha ou ao deserto para rezar e passar tempo com o Pai. "Ele curou muitos que estavam oprimidos de diversas doenças, e expulsou muitos demônios. Não lhes permitia falar, porque o conheciam. De manhã, tendo-se levantado muito antes do amanhecer, ele saiu e foi para um lugar deserto, e ali se pôs em oração" (Mc 1,34-35). A oração mantinha Jesus em profunda sintonia com o seu Pai e o ajudava a ser fiel à sua vontade. A oração também dava forças ao Filho de Deus quando a jornada era difícil, pesada e cansativa. Nós também, quando tivermos decisões importantes a fazer em nossa vida, escolhemos bem se buscamos o

TEMPO DE SILÊNCIO E DE ORAÇÃO

silêncio e tomamos tempo para rezar e escutar o que o Senhor nos quer dizer.

Quem ainda não tem o hábito de começar o dia com a oração, que pense com carinho nessa prática e a introduza em sua vida. Certamente não vai se arrepender. Muitas coisas podem tornar-se mais simples e melhorar. Não tenha medo. Arrisque. Deus espera por você. A seguinte música de José Acácio Santana pode inspirar o momento de oração matinal:

"Como é bonito, Senhor, cada manhã te agradecer.
Mais uma vez teu amor vem me chamar pra viver.
Contigo, Pai de amor, eu quero caminhar
e assim por onde eu for, irás me acompanhar!"

Elias no Monte Horeb

No Antigo Testamento, em 1 Reis 19,1-13, encontramos a experiência de Elias no alto do Monte Horeb, a montanha de Deus. Elias já havia feito a forte experiência de ser alimentado pelo anjo do Senhor quando estava desolado e se tinha refugiado no deserto para morrer. "Levanta-te e come, porque tens um longo caminho para percorrer", disse-lhe o anjo. Chegando ao alto da montanha, Elias se refugiou em uma caverna. Estava com medo, e seu coração estava agitado. O furacão, o terremoto e o fogo que Elias experimenta simbolizavam a agitação e confusão que sentia em seu coração. Só depois de conseguir se acalmar é que Elias foi capaz de perceber a presença de Deus na brisa suave. "Depois do fogo, ouviu-se o murmúrio de uma brisa suave. Tendo Elias ouvido isso, cobriu o rosto com o manto, saiu e pôs-se à entrada da caverna. Uma voz disse-lhe: Que fazes aqui, Elias?" (1Rs 19,12-13). Muitas vezes nós também passamos pela experiência de Elias. A agitação e a confusão que se encontram em nosso coração profundo nos impedem de perceber a presença terna e calma de Deus. O exemplo de Elias é mais uma motivação para buscarmos tempos de silêncio, de calma e de paz. São esses tempos que nos permitem olhar para dentro de nós mesmos, escutar o que a vida nos quer dizer e perceber os apelos de Deus nela. A música a seguir, *Só no silêncio*, expressa bem o sentido do silêncio na vida de oração:

"Só no silêncio, Deus se revela a você.
Só no silêncio, entendemos por que
é importante calar
para encontrarmos a paz.
É fácil encontrar-se com Deus,
é só saber silenciar.
Em tudo ele se faz presente,
até no barulho do mar."

TEMPO DE SILÊNCIO E DE ORAÇÃO

Jesus, modelo de vida de oração

Jesus foi introduzido à vida de oração pelos seus pais. Segundo Lucas 2,22-23, eles o levaram ao templo e o apresentaram ao Senhor. Nessa passagem bíblica encontramos Simeão e a profetisa Ana, também exemplos de pessoas que se alimentavam pela oração, passando boa parte de sua vida no templo do Senhor. Cada ano, Jesus acompanhava seus pais na peregrinação ao templo de Jerusalém para a festa da Páscoa. Certa vez, quando tinha 12 anos, Jesus não voltou com seus pais para Nazaré, mas permaneceu em Jerusalém, no templo. Quando seus pais o encontraram, ele respondeu assim à sua mãe: "Por que me procuravam? Não sabiam que devo ocupar-me das coisas de meu Pai?" (Lc 2,42-52). A resposta de Jesus permite supor que na sua família se conversava sobre qual seria a sua missão e qual seria a vontade do Pai para ele. Portanto, já na família, a vida de oração se tornou familiar para Jesus. Pensando na nossa vida de oração, talvez lembremos dos momentos de oração na família, quando nossos pais nos ensinaram a rezar, ou quando à noite, antes de dormir, vinham no quarto para nos dar a bênção e rezar a oração ao anjo da guarda. Infelizmente, hoje, muitas famílias deixaram de lado a vida de oração. Os pais têm dificuldades ou até vergonha de rezar com os filhos ou de ensiná-los a rezar, de modo que não cumprem com a sua missão de transmitir aos filhos o tesouro espiritual, o anúncio do Evangelho e a vida em Cristo. E assim, para os filhos, Jesus Cristo, o Filho de Deus, o Caminho que leva ao Pai, permanece um estranho ou um líder entre outros líderes.

Através da oração, Jesus permaneceu unido ao Pai. Com frequência, ele se afastava a algum lugar mais retirado e passava longas horas de silêncio em diálogo com o Pai. A oração mantém a pessoa unida a Deus. Podemos comparar a oração com a *internet*. O celular perde grande parte de sua funcionalidade se não há conexão com uma rede. Da mesma forma acontece na vida de uma pessoa que não encontra tempo para silenciar e sentir a presença de Deus, que não busca momentos mais longos de conexão com a Fonte da Vida. Essa pessoa tende a ter uma vida agitada, preocupada com mil coisas, pois precisa de muita ação para preencher o vazio interior ou a falta de sentido em sua vida. Por outro lado, quem busca o silêncio para escutar e falar com Deus tende a encarar a jornada cotidiana – mesmo se tiver muitas coisas a fazer – com mais serenidade, pois encontra sentido em tudo aquilo que faz. É capaz de encontrar a Deus em todas as coisas.

A escolha dos Apóstolos

Quando Jesus escolhe os Apóstolos, mais uma vez ele recorre ao silêncio, à oração profunda, para estar em comunhão com o Pai. "Naqueles dias, Jesus retirou-se a uma montanha para rezar, e passou aí toda a noite orando a Deus. Ao amanhecer, chamou os seus discípulos e escolheu doze dentre eles que chamou de apóstolos" (Lc 6,12-13). Fica claro que as suas decisões são tomadas em profunda sintonia com a vontade do Pai. Como Jesus mesmo diz: "Porque eu desci do céu, não para fazer a minha vontade, mas a vontade daquele que me enviou" (Jo 6,38). E ainda: "Esta é a vontade de meu Pai: que todo aquele que vê o Filho e nele crê tenha a vida eterna; e eu o ressuscitarei no último dia" (Jo 14,40). Inspirando-se em Jesus Cristo, a pessoa de fé, ao ter que tomar decisões importantes, sabe que o tempo de silêncio e de escuta para perceber a vontade de Deus a ajuda a escolher aquilo que é mais coerente em sua vida ou na dos demais. No silêncio, ela pede a graça de escolher e decidir por aquilo que é a vontade de Deus a ser realizada.

Cheio do Espírito de Deus

Depois que Jesus foi batizado por João Batista nas águas do Rio Jordão, o Espírito de Deus o conduziu para o deserto, lugar de silêncio, de encontro consigo mesmo e com Deus. Mas o deserto foi também o lugar da tentação, do perigo, das ameaças. Foram 40 dias de silêncio profundo na vida de Jesus. O silêncio profundo permite sentir e perceber a presença do "bom espírito", assim como a presença e as ciladas do "mau espírito", dos sentimentos negativos, dos medos e das angústias, e por isso muitas pessoas têm medo do silêncio. Concluído o tempo no deserto,

> Jesus, então, cheio da força do Espírito, voltou para a Galileia. E a sua fama divulgou-se por toda a região. Ele ensinava nas sinagogas e era aclamado por todos. Dirigiu-se a Nazaré, onde se havia criado. Entrou na sinagoga em dia de sábado, segundo seu costume, e levantou-se para ler (Lc 4,14-16).

Durante a sua vida oculta, antes de ser batizado e iniciar oficialmente a missão recebida do Pai, isto é, de anunciar e testemunhar a Boa Nova a todos os povos, Jesus, com seus pais, frequentava a Sinagoga, lugar de oração e de encontro com Deus.

Jesus, o Filho de Deus, manifestava diferentes sentimentos perante as atitudes das pessoas. Assim como expressava sua tristeza diante da dureza de coração, do legalismo, da falsidade, da aparência, ele também se alegrava com aqueles que estavam de coração aberto para acolher a sua mensagem. "Por aquele tempo, Jesus pronunciou estas palavras: Eu te bendigo, Pai, Senhor do céu e da terra, porque escondeste estas coisas aos sábios e entendidos e as revelaste aos pequenos. Sim, Pai, eu te bendigo, porque assim foi do teu agrado" (Mt 11,25-26). Aqui chama a atenção a relação de Jesus com o Pai. Quando se alegra, louva o Pai pelas coisas boas que acontecem. Quando está triste e sofre, pede ao Pai que o ajude. Através da oração e da missão Jesus mantém grande intimidade com o Pai do céu e da terra.

Sabendo da importância da oração e do tempo de silêncio, Jesus ensina seus discípulos a rezar. Em Mateus 6,5-13 lemos como Jesus diz aos seus que devem orar em silêncio ao Pai que está no céu. Ensina-lhes também a oração do pai-nosso, que ainda hoje é a oração mais rezada pela humanidade. O capítulo 4 do Evangelho de João narra o diálogo de Jesus falando com a samaritana junto ao poço de Jacó. Nessa passagem, o Filho de Deus ensina que devemos rezar a Deus Pai em espírito e verdade, ou seja, deixar que o Espírito de Deus conduza a nossa oração e adoração. "Mas vem a hora, e já chegou, em que os verdadeiros adoradores hão de adorar o Pai em espírito e verdade, e são esses adoradores que o Pai deseja" (Jo 4,23-24). Convém, portanto, pedir a Jesus a graça de aprender a rezar para assim aproveitar da melhor maneira possível o tempo de silêncio, que é o tempo de intimidade com o Senhor e de profunda conexão com a nossa verdade.

O horto das oliveiras

Outro momento forte em que podemos ver Jesus em oração foi após a sua última ceia com seus amigos. Terminada a refeição, Jesus se retirou com seus discípulos ao horto das oliveiras. Consciente da traição de Judas e de suas consequências, ele pede a três de seus discípulos que o acompanhem a um lugar retirado, lugar de silêncio, onde entra em profunda angústia e pede ao Pai, que, se possível, afastasse dele aquele "cálice". Assim narra o evangelista Mateus:

> Retirou-se Jesus com eles para um lugar chamado Getsêmani e disse-lhes: "Sentem-se aqui, enquanto eu vou ali rezar". E, tomando consigo Pedro e os dois filhos de Zebedeu, começou a entristecer-se e a angustiar-se. Disse-lhes, então: "Minha alma está triste até a morte. Fiquem aqui e vigiem comigo". Adiantou-se um pouco e, prostrando-se com a face por terra, assim rezou:

"Meu Pai, se é possível, afasta de mim este cálice! Todavia, não se faça o que eu quero, mas sim o que tu queres." (Mt 26,36-39)

Naquela noite terrível para Jesus, ele reza ao Pai pedindo forças para suportar a dor e a tristeza que o invadiam perante o cenário da paixão e morte, que começava a compor-se por causa da traição, da infidelidade e da incapacidade das pessoas, mesmo dos seus próprios discípulos, de acolherem o projeto do Pai que Jesus anunciava. Essa incapacidade levou o Filho de Deus ao caminho do calvário e à cruz. Essa incapacidade continua presente em cada um de nós, e o Filho de Deus continua sofrendo nas pessoas a quem impomos a cruz através da injustiça, da condenação, da fome, da sede, da exclusão e negação aos direitos e necessidades básicas para viver com dignidade.

Jesus visita o povo sofrido nos "lugares impuros"

Vivendo a sua missão no meio do povo, Jesus também se encontra com muitas pessoas que viviam nos lugares considerados impuros, nos esconderijos inóspitos, onde aqueles que eram considerados pecadores, impuros, não merecedores do amor de Deus, eram forçados a viver. Em uma dessas ocasiões, encontra um endemoninhado que vivia nu entre os sepulcros de um cemitério. A ele tinha sido negado o direito de viver. Já nem sabia seu próprio nome e se definia como "legião", porque era possuído por muitos espíritos impuros. Jesus, contudo, ao encontrá-lo, o liberta do domínio do mal, devolve-lhe a dignidade de vida e o reinsere na sociedade (Lc 8,27-39).

Em outra ocasião, Jesus se deixa tocar por uma mulher que já há doze anos padecia com um fluxo de sangue (Lc 8,43-48). "Aquele sangue que escorre, é a vida que escorre, a torna paradoxalmente impura e por isso não pode haver contatos ou relacionamentos. É forçada a viver na solidão. É o juízo de outros que lhe tolhe a energia, lhe faz perder a vida."[5] Essa mulher começa a viver quando cria coragem de desrespeitar a norma que os outros lhe tinham imposto e decide aproximar-se de Jesus e tocar seu manto.

Também em Mateus 8,2-3 temos um encontro inusitado entre Jesus e um leproso. Esse pobre homem também já não tinha nome, mas mesmo sendo um "anônimo" teve a coragem de sair dos esconderijos em que vivia – afastado da cidade para não contaminar

---

5. PICCOLO, Gaetano, *Leggersi dentro. Con il Vangelo di Luca*, Milano, Paoline, 2018, 124.

ninguém –, e passa no meio do povo – que provavelmente se afasta dele, porque era impuro –, e vai ao encontro de Jesus: "e prostrou-se diante dele, dizendo: 'Senhor, se queres, podes curar-me'. Jesus estendeu a mão, tocou-o e disse: 'Eu quero, sê curado'". Jesus, ao permitir que o leproso se aproxime dele e ao tomar a iniciativa de tocá-lo concretiza a finalidade de sua vinda no meio de nós: "Eu vim para que todos tenham vida e a tenham em abundância" (Jo 10,10).

A paixão e a morte de Jesus causam tristeza e frustração aos discípulos

A experiência da Paixão-Morte-Ressurreição de Jesus fez com que os discípulos e todos os seus seguidores passassem por experiências de tristeza, sofrimento e, finalmente, de profunda alegria. O sofrimento e a morte de Jesus provocaram, nas pessoas que nele depositavam sua esperança, uma profunda crise existencial e um grande vazio interior. Foi como se as sombras e as trevas voltassem a dominar o coração que antes havia acolhido a luz do mundo. Assim já havia anunciado Jesus aos seus amigos pouco antes de caminhar rumo à sua Paixão: "Em verdade, em verdade vos digo: haveis de lamentar e chorar, mas o mundo se há de alegrar. E haveis de estar tristes, mas a vossa tristeza se há de transformar em alegria" (Jo 16,20). Deus Pai, contudo, através da ressurreição do seu Filho amado, não permitiu que as trevas voltassem a dominar o mundo, a destruir e a matar o coração humano. "Coragem! Eu venci o mundo" (Jo 16,33). Se as trevas aparentemente haviam vencido a vida por meio da morte de Jesus, o Filho de Deus, a Luz divina, a Luz da vida, a Luz do amor, a vida se mostra mais forte tendo Jesus ressuscitado para uma vida que agora é plena. "Ele enxugará de seus olhos toda lágrima; e não haverá mais morte, nem haverá mais pranto, nem lamento, nem dor; porque já as primeiras coisas são passadas" (Ap 21,4).

A vida de oração, o tempo de silêncio, o tempo dedicado a escutar o que Deus quer falar enchem o coração humano de paz, alegria, gratidão, generosidade, caridade, compaixão e capacidade de amar. Ao mesmo tempo, a comunhão com Deus leva à solidariedade com quem sofre e passa por situações difíceis. A oração também ajuda a encontrar o verdadeiro sentido da vida. Quem encontrou o sentido da vida em Deus e a partir de Deus deixa que a bondade e a luz divina habitem no seu coração. E a luz divina vai configurando o seu coração sempre mais com o coração de Jesus Cristo. A bondade e a luz divina ajudam a pessoa a se alegrar com tantas oportunidades que a vida lhe oferece.

Todo dia, pense ao acordar: Hoje sou afortunado por ter acordado, estou vivo, tenho uma vida preciosa, não vou desperdiçá-la. Vou utilizar todas as minhas energias para me desenvolver, para expandir meu coração para os outros. Vou beneficiar os outros o máximo que eu conseguir (Dalai Lama).

> ### *Para refletir e rezar*
>
> Em clima de silêncio e de paz, escute as moções e as vozes internas que orientam a sua vida. Você tem o hábito de fazer um tempo de silêncio todos os dias? Caso ainda não tenha este hábito, que tal começar o dia com uma hora de silêncio para rezar, tomar consciência de si mesmo, para entrar mais em sintonia com Deus, consigo mesmo, com os outros e com a natureza? Que tal preparar um espaço "sagrado" no seu quarto ou em outro lugar da casa para fazer a sua hora de silêncio e de oração? Neste lugar "sagrado" pode colocar o crucifixo, imagens sagradas, uma vela e outros símbolos religiosos que ajudem a entrar em clima de oração. Todos os santos e santas que conhecemos tiveram o costume de passar longas horas em silêncio diante

do Senhor. A vida deles confirma a importância da oração e do silêncio interior.

Eis algumas passagens bíblicas para inspirar o seu tempo de silêncio. Jesus passou 40 dias no deserto antes de começar a sua missão (Lc 4,1-20) e muitas vezes se retirava para silenciar e perceber a vontade do Pai em sua vida (Lc 5,16; Lc 6,12; Mt 11,25-27). Procure também acompanhar Jesus no Getsêmani, na sua agonia, quando implora ao Pai para que dele fosse afastado o cálice... (Mc 14,32-42).

7

JESUS CRISTO, A LUZ DO MUNDO

"Sim, eu quero
que a luz de Deus que um dia em mim brilhou,
jamais se esconda
e não se apague em mim o seu fulgor.
[...]
Quando eu sou um sol a transmitir a luz
e meu ser é templo onde habita Deus,
todo céu está presente dentro em mim,
envolvendo-me na vida e no calor"[1].

A finalidade do aconselhamento pastoral e da direção espiritual é ajudar a pessoa a encontrar no seu coração profundo a fonte da vida, a Luz divina, que ilumina e liberta. Essa luz é a presença de Deus mesmo na vida.

Um dia, um amigo meu me comentava como o acompanhamento terapêutico e espiritual o ajudavam a olhar para a sua história, desde a concepção, não mais com tristeza, frustração, desânimo e com a sensação de ser uma eterna vítima, mas com alegria e leveza, porque foi percebendo que a luz de Deus sempre estava com

---

1. WEBER, José, música *Sim, eu quero*.

ele. Conhecer e acolher a própria história, sem condenar ou culpar outros, ajudou-o a acolher o amor misericordioso de Deus, que o perdoava e curava suas feridas. Essa conscientização da presença da luz divina em seu coração profundo desencadeou o processo de libertação de tantas marcas negativas que sufocavam a chama da sua vida. Antes ele olhava para a vida como um peso, com pessimismo e sem esperança.

Infelizmente, muitas pessoas não encontram ajuda para se libertarem de cargas negativas, tais como o pessimismo, a tristeza, a raiva e a sensação de não merecerem uma vida bonita e saudável. Esse amigo vivia, mas sentia que uma nuvem escura escondia a luz em sua vida. Agora, quando a luz passou a ocupar o lugar central em seu coração, ela vai iluminando a vida e abrindo caminhos rumo à liberdade e à alegria de viver.

Explicando o que são os *Exercícios espirituais*, Santo Inácio ensina que servem para a pessoa "vencer a si mesma e ordenar a própria vida, sem se deixar levar por nenhuma afeição desordenada" (EE, n. 21). Assim, livre dos afetos desordenados, poderá direcionar toda a sua energia e sua vida para corresponder com a vontade de Deus e deixar que o amor de Deus ilumine a sua vida. Nesse sentido, a espiritualidade inaciana é uma grande ajuda para que a pessoa chegue a encontrar o caminho de volta à Luz do mundo.

A família como fonte de luz

O espaço familiar é fundamental na formação da pessoa. Se ela encontra um ambiente saudável, com valores humanos e espirituais, em que exista a vida de oração e, entre as famílias cristãs, a experiência de que Jesus Cristo, Luz do Mundo, ainda tem valor, a criança vai internalizando estes valores e poderá reservar o lugar mais importante em seu coração para Deus. Neste caso, sendo o coração profundo iluminado pelo amor misericordioso de Deus, os limites e as tensões, as experiências negativas e o pecado, que também se encontram em todos os ambientes familiares, não conseguem sufocar a presença da luz divina, isto é, a presença do amor de Deus que dá sentido à vida da família e a cada membro individualmente.

A experiência espiritual positiva, ou seja, o deixar-se mover pela ternura e pelo amor de Deus, que a pessoa experimenta e herda na família, estará presente em toda a sua vida. Isso não significa que o amor e a ternura de Deus não possam ser experimentados em outros contextos. Independentemente do ambiente favorável ou não à experiência espiritual, Deus não se faz ausente do coração da pessoa. Mas naqueles ambientes onde o sucesso, o *status*, o poder, o individualismo, o egoísmo, a confusão, o desânimo, a corrupção e a injustiça predominam, a mensagem do Evangelho, que é mensagem de amor, de justiça, de simplicidade, de honestidade e de inclusão, encontra mais dificuldades para ser acolhida e internalizada no coração profundo. Nestes casos, as trevas como que abafam ou escondem a luz. Essa realidade torna difícil experimentar o amor de Deus na vida. "Os que foram feridos em sua primeira relação, que não conheceram verdadeiramente o amor, ouvem dizer que Deus é Amor, mas em geral não chegam a fazer essa experiência."[2] O acompanhamento espiritual e o aconselhamento pastoral podem ajudar as pessoas a integrarem a sua vida, a superarem os traumas e os complexos do passado, para que a ternura e a misericórdia divina possam ocupar o lugar central no coração humano e, assim, iluminá-lo.

Jesus Cristo, Luz do Mundo

Na Sagrada Escritura encontramos muitas referências que definem Deus como Luz. Aliás, a Bíblia mesma é um caminho de luz, por revelar-nos quem é Deus. A revelação mais plena de Deus encontra-se em seu Filho amado, que fez morada no meio de nós (Jo 1,14) e a

---

2. PACOT, Simone, *Volte à Vida!*, 18.

que somos chamados a ouvir, a conhecer e a seguir. Por isso, no Novo Testamento, Jesus Cristo, o Filho de Deus, é apresentado como a luz do mundo, a luz da vida, a nossa luz.

> A nova que dele temos ouvido e vos anunciamos é esta: Deus é luz e nele não há treva alguma. Se, porém, andamos na luz como ele mesmo está na luz, temos comunhão recíproca uns com os outros, e o sangue de Jesus Cristo, seu Filho, nos purifica de todo pecado (1Jo 1,5-7).

Antes de voltarmos o olhar para Jesus, a Luz do Mundo, veremos algumas passagens do Antigo e do Novo Testamento que falam de Deus como luz do mundo ou que profetizam sobre o Filho de Deus que virá para iluminar o mundo.

E Deus disse: Haja luz

Já nos primeiros versículos do livro do Gênesis lemos: "No princípio Deus criou os céus e a terra. Era a terra sem forma e vazia; trevas cobriam a face do abismo, e o Espírito de Deus se movia sobre a face das águas. Disse Deus: 'Haja luz', e houve luz. Deus viu que a luz era boa, e separou a luz das trevas" (Gn 1,1-5).

Deus mesmo é quem cria a luz. Se Deus cria a luz, então deixar-se guiar pela luz significa praticar as boas obras, a justiça e a verdade. A luz divina, além de iluminar o mundo, quer principalmente iluminar o coração humano, ser luz na vida das pessoas. O grande desafio é viver de tal forma que as trevas, os "sabotadores" ou os "sanguessugas", essas forças que matam e destroem a vida, tenham cada vez menos espaço no coração, neste espaço mais sagrado e íntimo da pessoa, para que assim a luz comece a brilhar abundantemente. A luz divina se encontra presente na vida humana desde a Criação. Portanto, todas as criaturas são plasmadas na luz e para a luz. Para o ser humano isto significa que seu destino é deixar-se iluminar pela luz divina. Ao concluir a Criação, Deus viu que tudo era muito bom (Gn 1,31). Ora, se tudo é muito bom, então a finalidade da pessoa é a bondade, fazer o bem, ser bondosa, estar em comunhão com Deus, com os outros e com toda a Criação. Significa também que é filho e filha da luz, criado para viver na luz e deixar que a luz ilumine todo o seu ser e agir. E a luz deve brilhar para o mundo através do anúncio e do testemunho do Evangelho: "A luz não foi feita para ser colocada debaixo do alqueire, mas sim para colocá-la sobre o candeeiro, a fim de que brilhe a todos os que estão em casa" (Mt 5,15).

JESUS CRISTO, A LUZ DO MUNDO

O povo que andava nas trevas viu uma grande luz

Segundo o profeta Isaías, "O povo que andava nas trevas viu uma grande luz; sobre os que habitavam na terra da sombra da morte resplandeceu a luz" (Is 9,2). Isaías profetiza em um período muito difícil da história do povo de Israel, que sofre internamente sob o domínio de reis iníquos e, externamente, é ameaçada pelos impérios vizinhos. Sua profecia quer revigorar a esperança do povo que sofre. A interpretação cristã das Escrituras entende que esta visão profética se refere a Jesus Cristo (cf. Mt 4,16). Em João 8,12, Jesus mesmo, a luz profetizada por Isaías, afirma ser a Luz do Mundo. "Eu sou a luz do mundo; quem me segue não andará nas trevas, mas terá a luz da vida". Portanto, ser amigo de Jesus e aprender com o seu modo de agir, de viver e de anunciar a vontade do Pai, é fundamental para a vida. Quanto mais se conseguir inspirar em Jesus Cristo, configurar-se com ele, tanto mais a pessoa se tornará sal da terra e luz do mundo (Mt 5,13-14).

Lâmpada para os meus pés

O Salmo 119,105 reza assim: "Lâmpada para os meus pés é a tua palavra e luz para o meu caminho". Esta oração reflete a confiança que o salmista tem no Senhor, experimentando-a especialmente nos momentos de intimidade, de abandono e silêncio interior. É a presença de Deus na vida do salmista que ilumina os seus passos, sua missão e todo o seu ser. Esta experiência ou presença de luz desperta no coração do salmista a comunhão com o divino e, ao mesmo tempo, a gratidão e ação de graças pela vida. Quantas vezes nos encontramos em situações de escuridão e precisamos da iluminação divina para encontrarmos o caminho certo. "Mesmo que tenhais sucumbido e estejais mergulhados nas profundezas do mal, não deveis desesperar-vos, mas voltar logo para Deus, e ele reerguerá prontamente o vosso coração da queda e dar-vos-á uma força superior àquela que tínheis antes."[3] Nunca é demais pedir a Deus para que ilumine os nossos passos e as decisões que devemos tomar. Quanto mais conseguirmos viver e agir segundo a vontade de Deus, mais ele nos iluminará e mais experimentaremos algo semelhante ao que encontramos em Isaías 60,19: "Não terás mais a necessidade do sol para fornecer a luz do dia; nem precisarás do brilho do luar, porquanto o Senhor será a tua luz para sempre".

---

3. *Relatos de um peregrino russo*, 104.

Luz para os gentios

Deus não ilumina o ser humano para que ele permaneça fechado em si mesmo, mas para que colabore com o seu projeto e seja luz para o mundo. "De fato, não basta que sejas meu servo a fim de restaurar as tribos de Jacó e trazer de volta os filhos de Israel que eu guardei. Também farei de ti uma luz para os gentios, de modo que leves a minha salvação para todas as nações até os confins da terra!" (Is 49,6). Com este chamado de Deus todos os batizados podem se identificar, pois todos somos chamados a colaborar com a missão de Jesus Cristo, de modo que a boa notícia, vivida e anunciada por ele, chegue ao coração de muitas pessoas. A acolhida generosa do chamado e da luz divina no coração profundo ajuda a identificar e a afastar as trevas que também habitam ou querem habitar nesse mesmo coração. Ninguém está livre das forças negativas e das investidas do espírito do mal, que quer continuar a guiar a vida da pessoa rumo à morte, às trevas, afastando-a de Deus e da luz do mundo. Quando as trevas ocupam o lugar central no coração, então entra-se numa dinâmica de vida negativa, egoísta, de fechamento e de morte. Essa dinâmica de morte e de trevas abafa e esconde a luz que quer brilhar e iluminar a vida. Para evitar que as trevas sufoquem ou anulem a luz, é importante "conservar os olhos sempre fixos no Senhor" (Hb 12,1), que é a Luz do Mundo e que quer iluminar e salvar a todos. Às vezes é necessário pedir ajuda de outros nessa jornada espiritual. Essa ajuda, por exemplo, podemos encontrar no acompanhamento espiritual e no aconselhamento pastoral, entre outras ofertas de ajuda.

Luz para iluminar as nações

No Novo Testamento, segundo o evangelista São Lucas, na festa da Apresentação do Senhor no templo, o velho Simeão, tendo o divino infante nos seus braços, bendisse a Deus assim: "Meus olhos viram a tua salvação, que preparastes diante de todos os povos: luz para iluminar as nações e glória do teu povo Israel" (Lc 2,30-32). Esta passagem faz referência a Isaías 49,6, que, como vimos acima, fala da missão do Servo do Senhor, que deve ser luz para as nações a fim de que a salvação de Deus chegue a todos os povos. E a luz veio no meio de nós para iluminar a nossa vida e todos os passos que devemos dar. Para permanecer na luz divina, convém manter uma relação profunda com Deus, seja pelos momentos de silêncio em oração profunda, seja pela prática da caridade e da compaixão. Jesus, quando teve que tomar decisões importantes, retirava-se e passava a noite na presença do Senhor: "E ocorreu naquela ocasião que Jesus se retirou para um monte a fim de orar, e passou toda a noite em oração a Deus. Ao amanhecer chamou os discípulos e escolheu doze entre eles, aos quais deu o nome de apóstolos" (Lc 6,12-19). Essa atitude de Jesus era para permanecer fiel à vontade do Pai. Também nós, para sermos fiéis a Jesus Cristo, convém que sempre o invoquemos, através do Espírito Santo, quando tivermos decisões importantes a tomar.

A luz brilha nas trevas

No evangelho de João encontramos muitas referências a Jesus como a luz do mundo. Já no prólogo o evangelista diz que "nele estava a vida, vida que era a luz dos homens. A luz brilha nas trevas, e as trevas não a venceram" (Jo 1,4-5). João fala de Jesus como o Verbo que estava com Deus desde o princípio. Deus é luz e em Jesus a luz divina se revela ao ser humano para iluminar seus caminhos para uma vida em Deus e para Deus. Jesus, a Luz do Mundo, é o caminho para o Pai. A pessoa que se abre à graça de Deus e coloca em prática a Boa Nova anunciada e vivida por Jesus, "amai-vos uns aos outros. Assim como eu vos tenho amado" (Jo 13,34), vive na luz e dá testemunho da luz. Quem vive em comunhão com o Senhor, testemunhando e anunciando a Boa Nova, muitas vezes é agraciado pela consolação, pela paz, pela alegria e pela plenitude de vida. Tais experiências fazem com que o coração dessa pessoa seja sempre mais iluminado, tornando-a ao mesmo tempo mansa e humilde de coração (Mt 11,29). Viver em comunhão com o Senhor enche o coração humano de paz, alegria e consolação, apesar dos sofrimentos e das dificuldades que se apresentam na vida, pois ele é a fonte da vida, da consolação, da plenitude e da esperança.

Mesmo que a luz divina seja fonte de plenitude e de consolação na vida da pessoa, isso não quer dizer que ela esteja livre do sofrimento, das trevas ou da força do mal que tenta desviá-la da presença de Deus. Situações como incompreensões, calúnias, perseguições, falsos testemunhos, exclusão e até a morte podem apagar a luz no coração de alguém. Assim como Jesus viveu momentos de profunda alegria e consolação, "eu te bendigo, Pai, Senhor do céu e da terra, porque escondeste estas coisas aos sábios e entendidos e as revelaste aos pequenos. Sim, Pai, eu te bendigo, porque assim foi do teu agrado" (Mt 11,25-26), sabemos também como foi incompreendido, caluniado, perseguido e por fim conduzido à terrível morte da crucificação. Para não desconectar de Deus e desanimar na caminhada de fé, a humildade, os tempos de silêncio e a partilha da vida com outros são atitudes essenciais. Elas ajudam a não cair na tentação de achar que só eu tenho problemas e dificuldades ou me tornar autossuficiente. Essas atitudes podem aprofundar ainda mais a confiança no Senhor desde o coração profundo.

"Eu sou a luz do mundo"

Em João 8,12, Jesus diz aos discípulos: "Eu sou a luz do mundo; quem me segue não andará nas trevas, mas terá a luz da vida". Aqui encontramos não apenas a confirmação de que Jesus é a luz do mundo, mas a afirmação de que todos os que o seguem, que procuram viver assim como ele viveu, não vivem mais nas trevas e sim na luz da vida. Jesus, luz para o mundo, é o caminho que leva ao Pai. Ele não é apenas a luz e o caminho, mas também a verdade que ilumina a vida daqueles que o seguem. Por isso, quanto mais a Luz Divina é acolhida no coração humano para que nele possa fazer a sua morada, tanto mais iluminará os caminhos da pessoa e a conduzirá à experiência da liberdade, da verdade, do amor, da paz, da compaixão e da alegria de viver. Portanto, a presença da luz divina no coração do ser humano o tornará bem-aventurado, feliz, sal da terra e luz para o mundo.

Sal da terra e luz do mundo

Jesus Cristo, a Luz do Mundo, deseja que também nós sejamos luz no mundo. Em Mateus 5,13-14 podemos ver que os discípulos são chamados a ser sal da terra e luz do mundo. Ser sal da terra e luz do mundo é missão de todo cristão. Faz parte da vocação cristã ter ao próprio Cristo, Luz do Mundo, como modelo de sua vida. Não se trata de qualquer luz, mas de uma luz que é fruto de um modo de ser e proceder inspirado no Senhor. Um modo de ser e proceder que tempera a vida e a torna saudável e bonita. A luz e o sal que a pessoa é chamada a ser para os demais, têm sua origem em Deus que revelou seu plano de amor redentor através de seu Filho Jesus Cristo. Na Festa de Pentecostes, a manifestação do Espírito do Santo se deu em forma de línguas de fogo (At 2,3). Os discípulos se deram conta da missão de serem sal da terra e luz do mundo pela força e ação do Espírito de Deus em suas vidas. Portanto, para ser sal da terra e luz do mundo é essencial deixar-se iluminar e conduzir pelo Espírito Santo de Deus, o mesmo Espírito que conduzia e inspirava Jesus no anúncio do Reino Deus (Lc 4,14.18). Também vale a pena olhar a vida e o testemunho de pessoas que são manifestação do amor e da bondade de Deus. Com elas podemos aprender e nos inspirar para sermos bondosos, generosos e criativos no seguimento ao Senhor.

JESUS CRISTO, A LUZ DO MUNDO

O Senhor é minha luz e minha salvação

Muitas vezes os seguidores de Jesus passam por situações difíceis, seja por incompreensões, limites pessoais ou porque a missão pode ser muito desafiadora e exigente. Nestes momentos de trevas, de falta de luz, a passagem do Salmo 27,1 pode ajudar a recuperar as forças e a esperança. Ela reza assim: "O Senhor é a minha luz e a minha salvação, de que terei temor? O Senhor é a defesa da minha vida, de que terei medo?". Momentos obscuros, de desolação e medo fazem parte da vida. Ao experimentar desolação, tempos de trevas, de falta de luz, o Salmista se conforta fazendo memória do Senhor que em tantos momentos o assistiu com a sua misericórdia, compaixão, amor e ternura. Dessa forma, não permite que a tristeza ou o desânimo o derrubem. Nos *Relatos de um peregrino russo*[4], quando a pessoa é atacada pelo desânimo ou passa por momentos difíceis e confusos, ela é convidada a repetir ao longo do dia ou dos dias a seguinte oração: "Senhor Jesus Cristo, tende piedade de mim pecador". Segundo o texto, essa oração é um santo remédio que ajuda a superar as fragilidades e a tentação do desânimo. É interessante perceber como a pessoa que repete esta ou outras orações

---

4. *Relatos de um peregrino russo*, 86.

breves e jaculatórias encontra forças e motivações para superar as experiências negativas, as tentações ou aquilo que faz mal à sua vida, facilitando a sua volta para Deus, para as coisas boas, para tudo aquilo que traz paz, alegria e plenitude.

Na minha vida, quando me encontro desolado e desanimado, em quem busco refúgio e conforto? Tendo a tomar decisões precipitadas de acordo com o estado de espírito que me domina? Santo Inácio, nos *Exercícios espirituais*, apresenta uma boa forma de agir:

> Em tempo de desolação nunca fazer mudança, mas permanecer firme e constante nos propósitos e determinação em que estava no dia anterior à tal desolação, ou na consolação precedente. Pois como, na consolação, mais nos guia e aconselha o bom espírito, assim, na desolação, o mau, e com os conselhos deste não podemos acertar o caminho (EE, n. 318).

Quem deseja viver conforme a vontade de Deus revelada por Jesus Cristo encontra obstáculos e desafios a serem superados, pois a força oposta ao bem, a força das trevas, da morte e do mal, procura impedir que se cresça na comunhão com Deus, na bondade, na mansidão e na humildade de coração. Essa força negativa não quer que o coração da pessoa seja movido pela ternura, pela misericórdia, pelo amor e pela compaixão. Enfim, não quer que o ser humano viva feliz, realizado e em comunhão com o Deus Criador.

Rejeição da luz

Em Marcos 5,1-20 encontramos o episódio que narra a visita de Jesus ao povo de Gerasa. Nessa passagem vemos um exemplo no qual a luz do mundo libertou uma pessoa da escravidão das trevas: "O povo que andava nas trevas viu uma grande luz; sobre os que habitavam na terra da sombra da morte resplandeceu a luz" (Is 9,2). Mas a comunidade rejeitou a Luz. Ela preferiu permanecer nas trevas, como bem expõe o Prólogo do Evangelho de João: "O Verbo era a luz verdadeira que ilumina todo homem [...]. Veio para o que era seu, mas os seus não o receberam" (Jo 1,9.11) Para o povo da terra de Gerasa, a presença de Jesus, a Luz do Mundo, foi motivo de prejuízo e incômodo. O texto, por um lado, destaca a cura da pessoa endemoniada, mas, por outro, deixa claro que a libertação da pessoa implicou em perdas materiais: a manada de porcos que se precipitou mar adentro. Hoje não é diferente. Por causa das riquezas e privilégios muitas pessoas preferem não dar espaço para que a luz divina ilumine o seu coração profundo. Elas se fecham ou rejeitam a luz que veio ao mundo para as salvar e libertar da escravidão do pecado.

Assim que Jesus e seus discípulos entraram no povoado, um homem possuído de um espírito impuro foi a seu encontro e disse: '"Que tens a ver comigo, Jesus, Filho do Deus altíssimo? Eu te conjuro por Deus, não me atormentes!' Com efeito, Jesus lhe dizia: 'Espírito impuro, sai desse homem!' Então Jesus perguntou: 'Qual é o teu nome?' O homem respondeu: 'Meu nome é Legião, porque somos muitos'" (Mc 5,7-9). O espírito impuro dominava essa pobre criatura e de certa forma toda a comunidade. Aparentemente a comunidade havia acolhido a situação de desgraça desse homem e não se sentia incomodada. O povo havia se adaptado a conviver com a presença do espírito impuro, que machucava um dos seus e o mantinha isolado dos demais, no cemitério, lugar de morte e de trevas. Hoje a sociedade está acostumada a ver pessoas deitadas nas ruas, amontoadas nas favelas ou que se precipitam sobre os lixões para encontrar algo para comer, e parece que não se sente incomodada com isso.

As trevas simbolizam o lugar em que o espírito do mal pode se esconder e camuflar, e assim viver em aparente paz. A presença de Jesus, que é a Verdade e a Luz do mundo, é verdadeira ameaça para ele. Diante da Luz do Mundo o espírito impuro não podia mais viver na mentira e na falsa aparência. A força do mal não tem como resistir e continuar maltratando a vida das pessoas perante a Luz, o Filho de Deus altíssimo. "Que tens a ver comigo, Jesus, Filho do Deus altíssimo?". Eis porque é muito importante que a vida dos cristãos se torne verdadeira luz para o mundo.

Mesmo que o espírito impuro tenha sido expulso da vida daquele pobre homem e destruído nas águas através da manada de porcos que se precipitou mar adentro, tudo isso parece não ter tocado o coração do povo de Gerasa. Esta pessoa era maltratada e judiada, dia e noite, pelo espírito impuro, mas a sua libertação não provocou mudanças no coração dos seus compatriotas. Não houve abertura para o novo, para a liberdade ou para a Luz. Eles preferiram permanecer nos vícios em vez de acolherem o Filho de Deus no meio deles. A cegueira e a presença das trevas nesses corações fizeram com que não fossem capazes de reconhecer a luz do mundo, a luz que quer brilhar no coração de todas as pessoas. Em vez de se alegrar com a libertação e vida nova daquele homem, o povo geraseno se fechou e pediu que a luz não permanecesse no meio deles, que se retirasse. "Começaram então a rogar-lhe que se retirasse da sua região" (Mc 5,17). O apego, ou dependência, aos bens materiais era mais importante que a liberdade e o direito a uma vida bonita e digna para todos. Resta saber: em minha vida, tenho coragem de olhar para dentro de mim através da luz divina ou prefiro permanecer nas trevas e deixar que as sombras acolham e guardem a força do mal no meu coração?

Opção pela luz aparente

A atitude do povo de Gerasa se repete ainda hoje. A luz divina está sendo substituída sempre mais pela aparente luz do sucesso, do acúmulo de riquezas, do *status* e do reconhecimento social. A obsessão desenfreada em acumular bens e poder cega as pessoas. A riqueza material, a fama, o sucesso e o *status* que dependem dos outros levam paradoxalmente a perder a confiança nas pessoas, conduzindo, pouco a pouco, ao isolamento. No mesmo ritmo em que aumentam os bens materiais, aumenta também o isolamento e o fechamento das pessoas em si mesmas. Este fechamento ou isolamento transforma as casas em cárceres cada vez mais repletos de grades, muros altos e alarmes eletrônicos. O tempo livre e gratuito vai sendo substituído pelo trabalho, pelas reuniões e compromissos que as empresas e negócios demandam. Na família, os filhos são "educados" através do conforto material, e não pela presença carinhosa e afetiva dos pais. Passar tempo com a família e amigos se torna algo sempre mais escasso.

Além disso, a solidão e a ausência de pessoas queridas e próximas conduzem à dependência única dos bens materiais, do *status*, do poder e do sucesso. A luz divina é substituída pela atraente e aparente luz material do poder mundano. As consequências desse comportamento são o vazio existencial, a falta de sentido para a vida, a falta de saúde física e emocional e a incapacidade de viver com alegria e simplicidade o dom da vida. Os valores do Evangelho vão se tornando incômodos, porque desafiam a pessoa a não se fechar no seu mundo e a viver desapegada da idolatria materialista para que seu coração seja livre e esteja aberto à vida.

A opção pela sombra enfraquece a luz que está em cada pessoa e a conduz por caminhos obscuros em vez de caminhos iluminados. Somos criados na luz e para a luz. Ao longo da história humana podemos perceber que a opção pelas sombras leva ao sofrimento, ao fechamento, à tristeza, à falta de alegria, de paz, de partilha, à falta de sentido na vida. É o caminho da morte, da não vida, o caminho oposto daquele que Deus pensou para o ser humano. Por outro lado, felizmente, também encontramos muitas situações e testemunhos de vida que revelam o quanto a luz divina realiza e plenifica a vida humana.

Quem sou eu para ser brilhante, deslumbrante, talentoso e fabuloso? Na verdade, quem é você para não ser? Você é um filho de Deus. Interpretar um papel pequeno não serve ao mundo. Não há nada de iluminado em se encolher para que os outros não se sintam inseguros perto de você. Nascemos para tornar manifesta a glória de Deus, que está dentro de nós. E, ao deixarmos brilhar nossa luz, inconscientemente damos às outras pessoas a permissão para fazerem o mesmo. Ao sermos libertados de nosso medo, nossa presença automaticamente liberta os outros[5].

Acolhida da luz

Muito diferente é a situação daquelas pessoas que, mesmo comprometidas com a realidade do mundo, da vida imersa nos desafios que a realidade apresenta, não perdem a paz, a serenidade e a alegria de viver. São as pessoas que se mantém conectadas com a luz divina que inspira, ilumina e dá sentido à vida. Experiências

---

5. WILLIAMSON, Marianne, Só a luz pode banir a escuridão, in: CHOPRA, Deepak; FORD, Debbie; WILLIAMSON, Marianne, *O efeito sombra*, 94.

como consolação, paz, alegria, leveza, sensação de plenitude, gratidão e ação de graças acompanham tais pessoas. O fruto desse modo de ser e proceder também se sente na saúde física e emocional. Quem vive iluminado pela luz divina é capaz de ir ao encontro dos outros, ser uma presença positiva, inspiradora e iluminada nas suas vidas, especialmente para quem se encontra em maiores necessidades. Jesus, a fonte da luz, ao encontrar-se com a Samaritana (Jo 4,5-30) fez com que ela, considerada pecadora, desse a conhecer a toda a sua comunidade o Messias, o Filho de Deus. "Vinde e vede um homem que me contou tudo o que tenho feito. Não seria ele, porventura, o Cristo? Eles saíram da cidade e vieram ter com Jesus". Aqui encontramos o movimento oposto àquele que leva às trevas. As pessoas que confiam no Senhor, que se deixam iluminar por ele, saem de si, vão ao encontro dos demais e entram em sintonia com toda a Criação. Elas encontram Deus em todas as coisas.

O cego de Jericó

A presença e a ação de Jesus são fonte de luz na vida de muitas pessoas. Por onde passava, ele reunia multidões. Era o povo pobre e simples que acolhia o seu ensinamento e via nele o Messias, o enviado de Deus no meio da humanidade. Para essas pessoas Jesus se tornara o Caminho, a Verdade e a Vida, a Luz do mundo. O relato do encontro de Jesus com o cego de Jericó em Marcos 10,46-52 mostra como a ação de Jesus transforma a sua vida ao lhe devolver a vista. Para o cego Bartimeu a cura não foi apenas a recuperação da vista: ele percebeu que Jesus é a Luz da vida, que na presença do Senhor os olhos se abrem para o verdadeiro sentido da vida. Por isso, com este novo olhar, decide seguir a Jesus. Torna-se discípulo e permanece na luz, acompanhando e caminhando com a Luz da vida no seu dia a dia. A exemplo de Bartimeu, tomando consciência de tudo aquilo que nos torna cegos, que nos afasta da verdadeira luz, somos chamados a voltar o nosso coração ao Senhor e pedir que nos ajude a nos libertarmos das nossas cegueiras, do pecado e da sombra, deixando que ele se torne luz em nossas vidas, luz que nos leva de volta ao amor, à caridade, à misericórdia e à alegria de viver. Acolher Jesus como a luz da nossa vida, significa acolher e procurar viver assim como ele vivia, passar a vida fazendo o bem a todos.

Quando for acolhido no meio de nós, Jesus poderá iluminar nossos passos e assim aprenderemos a olhar não apenas com os olhos, mas com o coração profundo, com a força do amor que habita em nós. Para que a luz divina tenha sempre lugar central em nosso coração, é importante estarmos atentos às sombras e forças negativas, às forças do espírito cativo, que também querem o lugar central do coração. Desconfiar que nem sempre nossas atitudes são positivas, mesmo que isto seja difícil, é um modo de proceder que nos previne das armadilhas do mau espírito. Só podemos combater as forças do mal que matam o espírito da vida quando admitimos que não somos perfeitos, quando reconhecemos que o amor e o perdão de Deus são forças que nos afastam das trevas, da morte e nos levam à vida plena. Esse caminho iluminado por Deus faz de cada um de nós pessoas simples, humildes e acolhedoras. É o caminho que nos torna semelhantes ao Mestre, que é manso e humilde de coração (Mt 11,29). É o caminho que nos ensina a não julgar, a sermos misericordiosos e compassivos assim como Jesus olhava para o povo e teve compaixão dele. Portanto, quanto mais deixarmos Deus habitar em nosso coração, tanto mais seremos capazes de fazer o bem e ser luz para o mundo.

Lâmpadas acesas

Em Mateus 25,1-13 encontramos a parábola das virgens prudentes e imprudentes. As virgens estavam a caminho de umas bodas. Todas são chamadas a viverem na luz. Para viver na luz não basta viver somente no presente. A luz é a presença do Filho de Deus, a Luz do Mundo. Sua luz brilha para todas as pessoas, mas há formas diferentes de acolher a luz e deixar que ela ilumine a vida desde o coração profundo. E acolher a luz no coração profundo supõe conhecer Jesus e acolhê-lo na vida de tal forma que a sua proposta de vida, o Reino de Deus, e o seu testemunho inspirem e iluminem a minha vida. As virgens prudentes são as que conhecem a Jesus e, por isso, para não perderem contato com ele, o esposo, se previnem trazendo óleo suficiente para que sua luz não se apague, tornando-se assim luz para o mundo. A essas a porta foi aberta e puderam entrar para a festa do esposo (Mt 25,10). Por outro lado, as virgens imprudentes, por não conhecerem a Jesus, não se preveniram trazendo óleo e assim não conseguiram ser luz para o mundo. O próprio esposo diz que não as conhece (Mt 25,12). As portas não foram abertas para elas. Permanecendo nas trevas, na sombra, a luz dessas virgens imprudentes foi se apagando. Permanecer com as lâmpadas acesas significa ser vigilante e atento para não ser enganado pela força do mal e da morte. O sonho de Deus é que nossa luz brilhe para o mundo através das boas obras: "Assim, brilhe vossa luz diante dos homens, para que vejam as vossas boas obras e glorifiquem vosso Pai que está nos céus" (Mt 5,16).

A primeira comunidade

No livro dos Atos dos Apóstolos lemos que "os cristãos perseveravam na doutrina dos apóstolos, na reunião em comum, na fração do pão e nas orações. Todos os fiéis viviam unidos e tinham tudo em comum" (At 2,42-47). Essa experiência comunitária, mesmo que seja considerada um modelo idealizado, quer mostrar uma nova forma de viver e conviver a partir de Jesus Cristo e seu ensinamento. Nesse modelo de vida, inspirado no Reino de Deus, prevalece a fraternidade, a partilha, a inclusão, a solidariedade, o reconhecimento e a valorização da dignidade de todas as pessoas. Podemos dizer que esta comunidade reflete o resultado das pessoas, grupos, comunidades e sociedades que se deixam iluminar pela luz divina, pelo amor de Deus. A bondade de Deus quer vida para todos e vida em abundância (Jo 10,10). A partilha que marcou a primeira comunidade cristã permitiu que todos se sentissem incluídos e reconhecidos. Esta é a dinâmica do amor de Deus que os profetas anunciavam e que chegou à sua plenitude pela encarnação de Jesus Cristo. Viver e anunciar esse amor segue sendo a missão da Igreja. "Ide, pois, e ensinai a todas as nações; batizai-as em nome do Pai, do Filho e do Espírito Santo. Ensinai-as a observar tudo o que vos prescrevi.

Eis que estou convosco todos os dias, até o fim do mundo" (Mt 28,19-20).

No contexto de hoje, vivendo numa sociedade que valoriza o individualismo, o *status* e o sucesso, os cristãos podem facilmente transferir esse modo de ser para dentro da Igreja. É o que o papa Francisco chama de "clericalismo". O clericalismo se preocupa com cargos, com o colarinho branco, com o legalismo, quer ser reconhecido pela função que exerce. O mesmo comportamento podemos encontrar em lideranças leigas, que, ao invés de servirem com generosidade e alegria, usam o lugar da missão como palanque de promoção pessoal. O acompanhamento espiritual e o aconselhamento pastoral podem ajudar os fiéis a fazer o caminho de volta para Jesus, e assim, com ele, aprender como convém viver e testemunhar o Evangelho. "Assim como o Filho do Homem veio, não para ser servido, mas para servir e dar a sua vida em resgate por uma multidão" (Mt 20,28). Essa ajuda tem como meta caminhar com as pessoas no processo da libertação das amarras e das feridas profundas, de tudo aquilo que escraviza e bloqueia a sua vida, a fim de que o coração profundo, enfim livre, possa experimentar e testemunhar o amor, a solidariedade, a justiça, a paz e a luz da vida.

Pentecostes

O livro dos Atos dos Apóstolos narra que, cinquenta dias depois da morte de Jesus, por ocasião da festa de Pentecostes, com a qual o Povo de Israel, celebrava o Dom da Lei dada Moisés no Sinai, o Espírito Santo desceu sobre os discípulos em forma de chamas de fogo (At 2,1-13). A força do Espírito de Deus os iluminou para que compreendessem todas as coisas a respeito a boa notícia que Jesus revelou para toda a humanidade. Essa compreensão era fundamental para que eles pudessem ir e anunciar esta boa nova a todos os povos (Mt 28,16-20). Naquela ocasião da festa de Pentecostes acontece uma cena que deixou o povo maravilhado. Os discípulos, iluminados pelo fogo, pela força do Espírito de Deus, começaram a falar e a testemunhar o Evangelho de tal forma que todos os que estavam reunidos, dos mais diferentes países e línguas, entendiam o que eles estavam dizendo. Revestidos pela força do Espírito Santo, os discípulos se sentem capazes de realizar a missão recebida de Jesus, isto é, de anunciar e testemunhar a Boa Nova do Evangelho a todos os povos. A experiência de Pentecostes revela que a Trindade Santa é a luz do mundo. Na Criação, o Pai Criador ilumina o mundo. O Filho de Deus no meio de nós é a luz divina encarnada na realidade humana. O Espírito

Santo significa a luz divina que continua a iluminar a vida da Igreja e o coração das pessoas.

O Pentecostes acontece com todas as pessoas quando são confirmadas na sua fé através do sacramento da Confirmação. Mas não basta celebrar esse sacramento e depois não viver segundo o dom recebido. Seria como receber um presente e deixá-lo guardado, intacto, no armário. Como tinha sido na vida de Jesus, que "cheio da força do Espírito, voltou para a Galileia, e a sua fama divulgou-se por toda a região" (Lc 4,14), a presença do Espírito Santo leva os fiéis à ação. Como lemos no capítulo 8 do livro dos Atos dos Apóstolos, o Espírito de Deus movia os apóstolos de um lugar para outro: "Mal saíram da água, o Espírito do Senhor arrebatou Filipe dos olhares do eunuco que, cheio de alegria, continuou o seu caminho. Filipe, entretanto, foi transportado para Azoto" (At 8,39-40). A história da Igreja testemunha que o Espírito de Deus continua agindo em favor das pessoas através do anúncio e do testemunho do Evangelho. Sem a presença ativa do Espírito Santo na Igreja, ela, pelos muitos pecados cometidos ao longo da história, não teria subsistido até hoje. Convém pedir a Deus a graça da presença do Espírito Santo em nossas vidas para permanecermos fiéis no seguimento a Jesus Cristo.

Vigília pascal

No Sábado Santo, a missa da Vigília Pascal é celebrada ao escurecer do dia, à noite. O povo se reúne na escuridão. A celebração começa com a bênção do fogo. O Círio Pascal, uma vela grande, é aceso no fogo novo, fogo abençoado, que representa Jesus Cristo Ressuscitado, o Alfa e o Ômega, o Princípio e o Fim de tudo e de todos, o Senhor do tempo e da história. Nesta celebração acolhemos o Senhor da Vida, o vencedor da morte, que garante para todos nós vida nova, vida plena através de sua Paixão-Morte-Ressurreição. Jesus Cristo, a Luz do Mundo, é representado pelo Círio Pascal e ilumina toda a Criação renovada através da sua ressurreição. Com o Pregão Pascal, a assembleia iluminada pela nova luz, reunida em torno do Círio Pascal, canta em clima de festa e de júbilo: "Exultem os coros dos anjos. Exulte a Assembleia celestial. E um hino de glória aclame o triunfo do Senhor Ressuscitado. Alegre-se a terra inundada da nova luz". É difícil não experimentar a alegria, a gratidão, o amor e a paz que a luz do Ressuscitado provoca na comunidade reunida em celebração.

Experiência de luz

Muitas pessoas que estiveram numa situação de vida e morte narram que chegaram a ver uma luz muito agradável e atraente. Dizem que se trata de uma luz diferente, uma luz que as fez se sentirem muito bem, em paz e numa sensação de plenitude. Tal experiência as deixou livres, profundamente livres, e abertas para acolherem a passagem desta vida para a outra ou para continuarem a viver por mais tempo. Mas estão desejosas em viver a vida de forma diferente, deixando que o bem, a bondade, a ternura, a solidariedade, a compaixão, a verdade e a justiça sejam parte de sua vida cotidiana. Essa luz é fascinante e transforma a vida da pessoa. Por isso, com essa pequena e intensa experiência querem e desejam viver melhor.

Algo semelhante acontece com pessoas que, através de ajuda profissional e tempos fortes de oração, são capazes de revisitar a sua história, seu passado, fortemente marcado pelas trevas, pela força negativa, que as impediam de viver com alegria e leveza. Se tudo parecia difícil e achavam que não eram dignas de uma vida bonita, de repente fazem a experiência da presença de uma Luz. Essa luz é a presença de Deus que quer a vida e é a fonte da vida. Outras pessoas experimentam a luz divina em momentos de profunda paz, consolação, ternura e com a sensação de estarem em harmonia com toda a Criação.

Experiência iluminadora

Aos sete anos de idade tive uma forte experiência que ouso chamar "experiência de luz", "de iluminação" ou "de transformação". Foi numa manhã de primavera. Minha família morava e trabalhava no campo no oeste de Santa Catarina. Durante a primavera os agricultores preparavam o solo para depois semearam as sementes. Eu estava acompanhando meu pai, que, numa manhã ensolarada, ia ao campo preparar a terra para depois lançar as sementes. Chegando a um lugar em que já se via a vida nova através dos pés de milho já brotados, contemplei essa paisagem e a achei belíssima. Contemplei a terra vermelha e as fileiras de pequenos pés de milho sendo banhadas pelo sol. Essa paisagem era completada pelo verde da floresta que se encontrava no horizonte e o cantar dos passarinhos, que, como uma orquestra sinfônica, embelezava ainda mais esse "cartão postal". Tantas vezes eu via esse cenário e o contemplava como algo muito natural. Mas naquele dia foi diferente. Tudo pareceu mais bonito e com um colorido especial. Tudo brilhava mais. O brilho do sol era especial. A harmonia existente nas diversas manifestações de vida simplesmente era espetacular. Eu me sentia parte dessa harmonia. Contemplando este cenário, fui invadido por sentimentos de muita paz e alegria, de plenitude e de leveza, como jamais havia experimentado. Mesmo que naquele tempo eu não entendesse e não soubesse descrever o significado dessa experiência, hoje entendo que foi um momento forte de consolação espiritual. E foi essa experiência de luz que despertou em mim o desejo de ser missionário e de entrar para a vida religiosa consagrada. Ainda hoje lembro dessa experiência com muita vivacidade e sensação de bem-estar. Foi uma experiência de luz que iluminou e ilumina a minha vida até hoje.

A luz divina cura

Para viver plenamente a vida, apesar dos limites e fragilidades pessoais, comunitários e sociais, é fundamental deixar um espaço central para luz de Deus agir na vida, deixar que ele cure e liberte o coração de todas as amarras e escravidões. Mesmo com todos os recursos humanos, com as terapias e técnicas de autoajuda, sem o amor e a misericórdia de Deus não há verdadeira liberdade interior. O amor de Deus liberta e plenifica a vida de sentido. Quando a pessoa é movida pela força do amor divino, pela luz divina, então tudo o que faz tem sentido, desde as coisas mais simples e corriqueiras. Assim o respeito e o bem-querer aos demais e o cuidado da Casa Comum se tornarão parte do seu agir. Além disso, ela se sentirá parte de toda a Criação, na condição de criatura, e não dona dela, como quem se dá o direito de explorar e destruir a Casa Comum.

Deus é a luz da vida

Na Bíblia Sagrada a referência à luz está presente desde os primeiros versículos até os últimos. Vimos a luz divina presente em Gênesis 1,1-5, o primeiro livro da Sagrada Escritura, e podemos vê-la no livro do Apocalipse, o último, fazendo referência a Deus como a luz da vida. "Não haverá mais noite. Eles não precisarão de luz de lâmpada nem da luz do sol, pois o Senhor Deus os iluminará" (Ap 22,5). Esta afirmação é consoladora e animadora para quem tem fé e procura viver conforme os ensinamentos do Senhor. Trata-se já da presença definitiva com Deus, aquilo que conhecemos como céu, como vida plena em Deus.

Não há necessidade de esperar a passagem desta vida para a outra para experimentar momentos desta plenitude ou vida iluminada. Todos os momentos de partilha e de solidariedade, de compaixão e de misericórdia, de caridade e de alegria, de reconciliação e de paz, de consolação e de justiça, de verdade e de renúncia para que outros tenham vida, são momentos de luz que iluminam a vida, que a tornam simples, transparente e divina. Vivendo em sintonia com Deus através de Jesus Cristo e iluminado pelo Espírito Santo, a pessoa se torna luz e sinal do amor de Deus no meio das pessoas. A direção espiritual e o aconselhamento pastoral são instrumentos eficazes para ajudar as pessoas a encontrarem o caminho que leva à luz em suas vidas. Muitas vezes é necessário passar por caminhos bastante dolorosos, reconhecendo as fragilidades e as trevas na própria vida, para só então começar o processo de libertação dessas forças negativas que levam à morte. Em algumas situações a dor pode ser comparada à experiência de tirar um espinho cravado no corpo. Não há como livrar-se desse espinho sem dor. Uma vez que o espinho foi extraído, experimenta-se o alívio e a alegria, porque ele já não é mais fonte de dor e preocupação na vida. Da mesma forma, quando a pessoa se liberta dos traumas e angústias que a impediam de viver em liberdade, o caminho para uma vida saudável e fecunda está aberto. Este caminho leva de volta à luz que desde sempre estava presente no mais profundo do seu ser. E a luz volta a brilhar abundantemente.

A sombra, ou seja, tudo aquilo que marca a vida negativamente, se olhada na sua verdade, tornar-se-á grande aliada da vida. Ela ajuda a conduzir a pessoa à luz que está dentro de dela. "O desafio é encontrar o valor que ela possui e trazê-la à luz do perdão e da compaixão, de modo que você possa neutralizar a habilidade dela para arrasar sua vida."[6] Vale a pena olhar a verdade da sombra para deixar florescer e brilhar a força positiva que estava sufocada ou escondida pela ausência da luz. No entanto, não é muito simples encontrar a sombra. Ela tende a se esconder ou a se disfarçar. É mais fácil encontrá-la na vida de outras pessoas. Mas as fragilidades dos outros podem revelar igualmente a minha fragilidade. Isso se dá quando alguém tem reações fortes ao jeito de ser dos outros, quando os critica e os julga. Normalmente criticamos nos outros aqueles aspectos negativos e reprovados que trazemos dentro de nós mesmos. Através da crítica, alguém pode estar projetando nos outros aquilo que está reprimido dentre de si. Não é motivo de vergonha reconhecer os limites pessoais. Pelo contrário, o reconhecimento dos limites pode ser o começo da libertação de seus efeitos. "A luz mais radiante só pode brilhar quando tivermos aceitado a escuridão."[7]

---

6. FORD, Debbie, 70, in: CHOPRA, Deepak; FORD, Debbie; WILLIAMSON, Marianne, op. cit.
7. FORD, Debbie, 60, in: CHOPRA, Deepak; FORD, Debbie; WILLIAMSON, Marianne, op. cit.

VIVER O DOM DA VIDA

Quanto mais a pessoa consegue acolher seus limites e suas sombras, seus complexos e os traumas e feridas que bloqueiam o fluxo da vida, tanto mais estará em condições de viver com alegria, gratuidade e generosidade o dom da vida. Esse novo modo de olhar para a própria vida renovada pela misericórdia divina permite que a pessoa se reconheça como criatura amada e passe a sentir-se parte da obra criadora de Deus. Ela aprenderá também a cuidar da Criação para que a vida seja garantida hoje e amanhã. A capacidade de acolher e conviver com suas sombras, fragilidades e sofrimentos, certamente abre a sua vida para acolher e se alegrar com a presença da luz do Espírito Divino em sua vida, que fica mais iluminada, mais bela, mais simples e transparente. A vida iluminada é a vida nova em Cristo como veremos no próximo capítulo.

Para refletir e rezar

Em clima de silêncio e de paz, escute as moções e as vozes internas que orientam a sua vida. Aproveite a hora de silêncio para agradecer pelas experiências de luz, de alegria e de consolação em sua vida, na de sua família e na de sua comunidade. Deus quer habitar no seu coração e iluminá-lo.

Basta abrir as portas e janelas que ele entra com alegria. Qual é o espaço que você dá para Deus em seu coração? Você sente que seu coração está iluminado pela luz divina, pela presença terna e amorosa de Deus? Sua família ou comunidade é guiada pela luz divina?

Faça uma retrospectiva em sua vida para trazer à memória as experiências de luz ou a presença de Deus que sempre está do seu lado. As diversas passagens bíblicas descritas ao longo do capítulo podem inspirar a sua oração.

8
CONFIGURAÇÃO COM CRISTO

> Se alguém se envergonhar de mim e das minhas palavras diante dessa geração adúltera e pecadora, também o Filho do Homem se envergonhará dele quando vier na gloria do seu Pai com seus anjos (Mc 8,38).

A configuração com Cristo é um desafio para toda a vida da pessoa. Normalmente a identificação ou a configuração com alguma pessoa ou projeto de vida é possível quando conhecemos bem essa pessoa e seu contexto existencial. Os discípulos de Jesus, depois de um bom tempo de seguimento e caminhada com ele, são surpreendidos por uma pergunta: Jesus quer saber dos seus discípulos quem ele é para eles. Pedro, falando em nome do grupo, disse: "Tu és o Messias" (Mc 8,29).

Com aquela pergunta, Jesus ajuda os discípulos a tomarem consciência do quanto conheciam o seu Mestre. Mas não se trata do conhecimento meramente intelectual, ou seja, ter em mente que Jesus é o Filho de Deus, o Messias ou o enviado Pai. Trata-se de um conhecimento que vem do coração, pois nasce de uma relação afetiva. Quando Jesus ocupa o lugar mais importante no coração profundo da pessoa, então ela estará em condições de renunciar aos seus projetos pessoais para segui-lo. Será ele e o projeto do Pai, o Reino de Deus, que Jesus vive e anuncia, que terão o lugar central na vida de quem se põe a segui-lo, que a inspirarão e a levarão a agir procurando imitar Cristo na vida cotidiana e na sua missão. Isso significa identificar-se com Cristo e caminhar com ele. Conhecer bem o Mestre é fundamental para que o seguimento se torne real, pois ainda que seguir o Senhor seja muitas vezes causa de alegria, paz, consolação e outras experiências positivas, pode ser também causa de experiências de sofrimento, abandono e cruz, as quais são fruto do esvaziamento de si para que outros tenham vida. "Se alguém quer me seguir, renuncie a si mesmo, tome a sua cruz e me siga" (Mc 8,34). Quem acolhe Jesus no coração profundo, permite que ele oriente o seu ser e inspire toda a sua vida. Assim vai configurando a sua vida com a vida de Cristo. Dessa forma, acontece um verdadeiro renascimento, um tornar-se nova criatura. "Banhados em Cristo, somos uma nova criatura. As coisas antigas já se passaram, somos nascidos de novo" (*Hinário Litúrgico da CNBB*).

Tornar-se nova criatura é o resultado de uma longa caminhada, de busca de Deus e de abandono gradativo nos seus braços. Em seu livro *Volte à Vida!*, Simone Pacot apresenta cinco leis de vida que são muito inspiradoras e que merecem ser refletidas e rezadas. São elas: *1)* a opção pela vida; *2)* a aceitação da condição humana; *3)* a manifestação da identidade específica de cada pessoa em Deus e em justa relação com o outro; *4)* a busca de unidade da pessoa habitada pelo Deus vivo; e *5)* o acesso à fecundidade e ao dom.

Optar pela Vida

A primeira lei, *opção pela vida*, tirada do livro do Deuteronômio (30,15-16.19) é tão essencial que o pe. Zezinho a transformou em uma música: "Diante de ti ponho a vida e ponho a morte, mas tens que saber escolher. Se escolhes matar, também morrerás. Se deixas viver, também viverás. Então vive e deixa viver". A opção pela vida, para os hebreus, significava abandonar as saudades do Egito e, confiantes em Deus, entrar na terra prometida. Mesmo na condição de escravos, eles sabiam que no Egito havia comida. No deserto passaram por incertezas e por dificuldades, e sem conhecer a terra prometida, o que aumentava o medo e a insegurança. Ainda assim, optar pela vida significou preferir pela terra prometida, terra de abundância, de vida nova e de esperança. Quem não tem coragem de optar por novas possibilidades, novos caminhos de vida, permanece preso ao passado e fica lamentando as cebolas do Egito (Nm 11,5). Assim não poderá crescer. Todos somos chamados a fazer essa opção pela terra prometida na trajetória da nossa vida. Corremos, contudo, o risco de nos apegarmos ao passado, de vivermos do saudosismo e supervalorizarmos as experiências anteriores. Quem permanece preso ao passado terá dificuldades em viver plenamente o presente e em alimentar a esperança para o futuro. Contudo, ela ou ele pode e deve aprender tanto das experiências positivas quanto das negativas. Trata-se de lançar um olhar realista ao passado para tirar lições do que foi vivido para viver melhor o presente. Ao mesmo tempo, para que o presente seja mais pleno, além de olhar para o passado, convém olhar para o futuro e projetar um futuro saudável e realista. Aquilo que se pretende ser e viver no futuro, deve se começar a colocar em prática aqui e agora. Não há dúvidas de que o passado, o presente e o futuro estão interligados. Não podem ser totalmente separados entre si.

Optar pela terra prometida significa, portanto, livrar-se de tudo aquilo que prende, escraviza, limita e mata. Optar pela terra prometida significa também olhar com objetividade para as sombras da vida, nomeá-las e acolhê-las como parte da própria história. Somente quando se ousa olhar a verdade de sua história é que se poderá buscar novas alternativas de vida, superando e integrando as fragilidades e caminhando rumo à terra onde mana leite e mel (Ex 33,3). A opção pela terra prometida nos lança o olhar para o futuro e permite viver o presente com sentido e esperança. A opção pela terra prometida nada mais é do que acolher e viver o projeto do Reino de Deus que Jesus anunciou. Quando o Reino de Deus se torna parte da vida de alguém, ele necessariamente forja a configuração com Jesus Cristo. A afirmação de Paulo, "já não sou eu quem vive; é Cristo que vive em mim. A minha vida presente, na carne, eu a vivo na fé no Filho de Deus, que me amou e se entregou por mim" (Gl 2,20), define bem o significado da configuração com o Senhor.

Aceitar a condição humana

Aceitar a condição humana é a segunda lei da vida que Pacot desenvolve. Essa lei desafia todos os seres humanos a aceitarem a condição de serem criaturas, não criadores. Como já vimos anteriormente, no capítulo 1, a tentação que sofremos é a de querer ser como Deus. A passagem de Gênesis 2,16-17 deixa claro que há um limite para o ser humano, que ele é criado à imagem e semelhança de Deus, mas não é Deus. Através desse limite Deus o ajuda a tomar consciência da sua condição humana. Cada pessoa faz parte da família humana que é marcada com experiências positivas e negativas, pela luz e pela sombra, pela vida e pela morte. Como nos recorda Pacot: "Você foi criado, você não é Deus, somente Deus é Deus. Você é filho de Deus. Foi criado e amado dentro dos limites próprios a todo ser humano, a tudo aquilo que tomou forma; aceite a condição de criatura em todas as suas dimensões. Não cobice a divindade"[1]. Essa afirmação é um convite a olhar para a própria realidade de vida, para o sentido da vida e a sua finalidade. Mesmo não sendo Deus, a esperança cristã assegura ao ser humano a vida plena em Deus através da ressurreição em Jesus Cristo. Se todas as pessoas acolhessem a própria condição de criaturas, se se sentissem parte da Criação que é obra de Deus, a "Casa Comum" seria mais respeitada e cuidada.

Aceitar a condição humana significa buscar viver na luz e não nas trevas. Se olharmos a vida de pessoas que se destacaram e se tornaram exemplos de vida cristã, de vida integrada e livre, podemos ver que são muito "humanas", ou seja, simples, humildes, bondosas,

---

1. PACOT, Simone, *Volte à Vida!*, 20.

acessíveis e em paz com a vida. Além de reconhecerem seus limites, suas fragilidades, suas sombras, acolhem o perdão e a misericórdia divina em suas vidas. Fazendo a experiência da libertação e da integração através da ação de Deus em suas vidas, elas também se tornam misericordiosas, compassivas e iluminadas. Quem vive a misericórdia e a compaixão já não tem necessidade de julgar e condenar, mas estende a mão a quem precisa, deixa reflexos do amor de Deus através do perdão e da acolhida. Essas pessoas são testemunhas do amor divino que contagia e desperta nos demais o desejo de acolherem a luz divina, a luz do mundo. Em suas vidas as sombras não as dominam, mas é a luz divina que as guia e permite que vivam mais plenamente o dom da vida. Acontece algo semelhante ao que Jesus disse em Mateus 11,28-30: "Vinde a mim, todos vós que estais cansados e oprimidos, e eu vos aliviarei. Tomai sobre vós o meu jugo, e aprendei de mim, que sou manso e humilde de coração; e achareis descanso para as vossas almas. Porque o meu jugo é suave e o meu fardo, leve". Em todo esse processo acontece a configuração com o Senhor, e a presença dessas pessoas se torna simples, agradável e de fácil convivência com os demais.

Por outro lado, muitas pessoas não conseguem chegar a esse grau de liberdade, de leveza e de integração em suas vidas. Tornam-se vítimas das próprias sombras. Debbie Ford afirma que "a sombra é tudo o que tentamos esconder daqueles que amamos e tudo o que não queremos que os outros saibam a nosso respeito"[2]. São os segredos pessoais, familiares ou grupais que se tenta esconder. E isso faz muito mal. A sombra também é tudo aquilo que a pessoa não quer reconhecer e acolher em sua vida ou aquilo de que tem medo. Assim, a sombra fica minando e poluindo o seu coração profundo e acaba por dominar a sua vida, conduzindo-a por caminhos tenebrosos, exatamente o contrário daquilo com que toda pessoa sonha e que gostaria de viver.

Para podermos aceitar-nos com nossas sombras e negatividade, é necessário descobrir nosso centro interior, o núcleo de nosso ser, estar ligados ao âmago do coração, o coração profundo, aí permanecer e viver a partir dele[3].

---

2. CHOPRA, Deepak; FORD, Debbie; WILLIAMSON, Marianne, op. cit., 47. Debbie Ford escreveu para o livro *O efeito sombra* um capítulo com um título muito sugestivo e animador: *Fazendo as pazes com os outros, com o mundo e conosco mesmos*.
3. PACOT, Simone, *Volte à Vida!*, 103.

Cada pessoa tem sua própria identidade

Cada pessoa é única e essa identidade pessoal, numa vida sadia, se relaciona com Deus e com os outros. A partir da fé cristã, afirmamos que esse é o projeto de Deus para o ser humano, e é isso que Pacot define como a terceira lei de vida. Ela descreve muito bem o que se deve evitar para não alimentar uma relação desequilibrada, doentia, ao dizer: "É-lhe proibido se misturar com a identidade de outra pessoa, possuí-la ou se deixar possuir, manter a confusão na relação, curvar-se diante de um poder abusivo, cobiçar o que o outro é ou tem"[4]. Cada pessoa é única para Deus. O nome de cada uma está escrito na palma de sua mão (Is 49,16). Para viver a vida como uma dádiva de Deus e saber contemplar a Criação divina na condição de criatura que possui sua própria identidade, é essencial que a luz não esteja escondida no "porão escuro", lugar onde as trevas e as sombras enfraquecem o brilho da luz e atrapalham ou impedem viver a identidade recebida de Deus. "Somente quando tivermos coragem para encarar as coisas exatamente como elas são, sem decepção pessoal ou ilusão, uma luz se desvendará dos acontecimentos através da qual o caminho para o sucesso será

---

4. Ibid., 119.

reconhecido."⁵ A justa relação com os outros, com a natureza, com Deus e consigo mesmo se torna possível na medida em que a pessoa é capaz de reconhecer e nomear as sombras que atuam em sua vida, pois são essas sombras que atrapalham e confundem a relação com Deus, consigo mesmo, com os outros e com toda a Criação.

A direção espiritual e o aconselhamento pastoral podem e querem ajudar a pessoa a abrir os "porões sombrios" que escondem parte da sua história: as experiências e sentimentos negativos e ruins, não aprovadas pela sociedade, pelos amigos, pela família, e que podem provocar rejeição, desprezo, críticas e exclusão. Desde pequenos, aprendemos a selecionar as sombras que devem ser escondidas nos "porões" de difícil acesso.

Todas estas experiências e sentimentos negativos, com o passar do tempo, tornam-se pequenos monstros que ameaçam continuamente a vida, que a tornam difícil, causam confusão e perda de rumo. A imagem pessoal se torna negativa. Assumo que não sou bom como os outros, que não mereço ser feliz, que não sou capaz, que sou um fracasso, que nunca vou vencer e nem mereço conquistar coisas boas em minha vida. Quando

---

5. FORD, Debbie, 51, in: CHOPRA, Deepak; FORD, Debbie; WILLIAMSON, Marianne, op. cit.

somos dominados por tais pensamentos e sentimentos, a tendência é fechar-nos em nosso pequeno mundo ou querer ser como os outros, esquecendo-nos da nossa identidade e individualidade. Debbie Ford diz: "Precisamos abraçar nossa sombra para que possamos conhecer a liberdade de viver uma vida transparente, para nos sentirmos livres o suficiente e convidarmos outros a entrar em nossa vida"[6]. É na sombra que a força do mal se esconde e vai minando ou destruindo gradativamente a força da vida criada por Deus. É no reconhecimento das sombras que as portas e janelas dos "porões" vão se abrindo para que a luz possa iluminar e revelar a presença do amor divino no coração profundo.

Quando a pessoa deixar que a "luz", o "sábio" ou a "fonte da vida" conduza a sua vida, então estará em condições de colocar os seus dons e talentos a serviço da vida. Quem se deixa iluminar pelo bem, reconhece que tudo é dádiva e procura ser dádiva para os demais. Quem deixa que a sabedoria inspire as decisões em sua vida não tem necessidade de correr atrás do *status*, do sucesso, do reconhecimento e da aprovação. Seu jeito de ser e de fazer as coisas se torna simples, generoso e agradável. Já não interessa o tipo de trabalho, função social ou religiosa que tem, mas interessa como realizar

---

6. Ibid.

as coisas. O acompanhamento espiritual e o aconselhamento pastoral querem ajudar a pessoa a viver livre das sombras e das trevas. Querem ajudá-la para que se deixe guiar e mover pela luz divina, pelo Espírito divino que habita em seu coração profundo, para então assumir com alegria a missão recebida de Deus. Para isso é necessário reconhecer os limites, dar nome a eles, conhecer sua origem e acolhê-los como parte da sua história.

A luz divina, o Espírito de Deus, desperta a bondade, a ternura e a misericórdia no coração profundo do ser humano, e assim o seu modo de viver pode ser contagiante e inspirador para os outros. Neste sentido, tudo o que alguém pode fazer em favor da vida, independente do seu reconhecimento e de sua importância, ele o faz com alegria e da melhor forma possível. E o resultado pode surpreender a quem pensa que somente coisas grandiosas e valorizadas pela maioria chegam a impactar a vida de outros. Segundo Martin Luther King Jr., "se um homem tem o dom de varrer ruas, deve varrê-las como Michelangelo pintava, como Beethoven compunha ou como Shakespeare escrevia. Deve varrê-las tão bem que todas as hostes dos céus e da terra pararão para dizer: 'Aqui viveu um grande varredor de ruas, que fez um bom trabalho'"[7]. Assim, qualquer atividade

---

7. Apud SHARMA, Robin, *O líder sem status*, 61.

na vida se torna oportunidade de fazer o bem e de dar o melhor de si em favor da vida como colaboração com o projeto redentor de Deus revelado por Jesus Cristo.

Quando a pessoa é movida pela sombra, além de não ser capaz de realizar a missão a ela confiada, não consegue revelar a força positiva que está dentro dela e muitas vezes pode confundir-se na sua própria identidade. Segundo Pacot, para manter a identidade recebida de Deus, é importante estar atento a algumas transgressões que podem gerar muita confusão na vida da pessoa: a *fusão, as confusões de lugar na família, o domínio e a cobiça*. Tais transgressões devem ser trabalhadas e integradas, caso contrário, além de dificultarem a configuração com o Senhor, causam confusão, o sentir-se perdido na vida, e impedem o desenvolvimento sadio e harmonioso da pessoa.

Identificação entre mãe-filho: fusão

Nos primeiros meses de vida, a criança não consegue perceber a diferença de identidade entre ela e sua mãe. Ela vive a fusão. Num primeiro momento a experiência da fusão é normal e necessária. Desde a concepção até os primeiros 18 meses de nascimento, mãe e filho vivem profunda identificação, uma relação simbiótica.

Mas isso não pode continuar assim por toda a vida. Na vida adulta, a fusão é o engano de que seria possível fazer de duas pessoas um ser único. Uma seria absorvida pela outra, sendo a identidade de uma anulada pela outra. Contudo, esse pode ser o desejo de pessoas inseguras e dependentes. Na verdade, a fusão leva ao domínio, ao controle, de uma pessoa sobre outra, ao anulamento, à falta de liberdade e de autonomia. A pessoa que joga o papel de dominação não deixa a outra viver a sua identidade, e assim ela não desperta para o seu verdadeiro eu, para a sua vida e missão, que o Criador lhe confere. O responsável principal para garantir o processo de separação-individuação é a mãe, pois a criança ainda não percebe a diferença entre a identificação com a mãe e a sua própria personalidade. Por isso, a criança tende a permanecer na fusão, e quando a mãe não quer que ela siga seu caminho e prefere que a relação de dependência permaneça, está tudo preparado para a confusão de identidade, não permitindo o processo necessário de separação-individuação.

Quem, ao nascer, não teve a oportunidade de encontrar um ambiente familiar favorável que a ajudasse a passar pelo processo de individuação, ou separação da fusão inicial com a mãe, tende a manter relações de dependência também na vida adulta. Essas pessoas são inseguras, têm medo de dar passos, de tomar decisões e sempre esperam que alguém decida por elas. Tal modo de proceder não favorece o desenvolvimento dos talentos pessoais porque a pessoa não aprendeu a confiar em si mesma, visto que vive a confusão de identidade com a identidade materna. Assim ela se anula e não será capaz de assumir com responsabilidade o dom da própria vida. Normalmente essas pessoas se isolam, vivem tristes, tendem à depressão e à autoanulação. O aconselhamento pastoral e o acompanhamento espiritual podem ser instrumentos úteis para quem ainda não conseguiu viver o processo de passagem da experiência de fusão para a de individuação. Recebendo ajuda, pouco a pouco a pessoa encontra o fluxo original da vida, a identidade pessoal e única, e a luz divina encontrará espaço no coração profundo para iluminar sua jornada. As sombras vão sendo substituídas pela luz, e a vida começa a florescer.

Família saudável, pessoas saudáveis

Cada pessoa deve assumir a sua vida, vivendo tão somente a sua, nunca a de outros. A família saudável caracteriza-se por apresentar as funções familiares bem definidas: marido e esposa, pais e filhos. Essa definição clara de funções é fundamental, porque ajuda a evitar que alguém acabe vivendo, de maneira equivocada, a função que não lhe corresponde. Durante os primeiros dez anos de vida, a criança tende a idealizar os pais a tal ponto que ninguém pode ser mais importante, mais inteligente, mais forte, mais prático e mais protetor que eles. Por isso, a relação saudável e equilibrada entre os pais marca muito positivamente a vida dos filhos. Da mesma forma, quando a relação parental é confusa, conflitiva e violenta, a criança se sente perdida e insegura. E isso normalmente gera distúrbios e conflitos na personalidade dos filhos.

Na família em que a relação entre os pais é difícil, sem que se superem as diferenças e os conflitos, a tendência é de que os pais acabem buscando apoio nos filhos, o que inverte e confunde as funções dentro da estrutura familiar. Para garantir apoio, esse pai ou mãe colocam os filhos contra o parceiro ou a parceira. Os pais que se apoiam nos filhos e os trazem para dentro da relação conjugal conflituosa não têm consciência do sofrimento e da confusão que causam na vida das crianças, pois são estas que necessitam da proteção e do apoio dos pais, não sendo sua função na estrutura familiar ser conselheiros e protetores deles. Quando um dos filhos recebe a "missão" de conselheiro, nega-se a ele o direito natural de viver a etapa da infância e ou da adolescência em que experimenta o apoio e a proteção dos genitores. Tal atitude parental pede das crianças uma função que não lhes cabe. Quando um dos filhos é trazido para dentro da relação matrimonial como conselheiro, acontece uma relação de triangulação, não uma relação conjugal normal. Tampouco se encontra o espaço adequado para viver a condição filial. Portanto, esse tipo de relação conflituosa entre os pais prejudica muito a vida dos filhos, que carregarão marcas negativas consigo para o resto da vida.

Outro tipo de relação que não ajuda a que se estabeleçam relações saudáveis na estrutura familiar acontece quando os pais projetam nos filhos aquilo que eles mesmos desejavam viver, mas não conseguiram. Essa projeção pode se dar em diversas áreas da vida. O pai queria ser advogado, médico, padre, mas por qualquer razão não conseguiu realizar esse desejo, e acabou por transferi-lo ao filho. Essa projeção do próprio desejo na vida dos filhos acaba gerando confusões que atrapalham e condicionam a vocação e o projeto de Deus na vida de cada um. Pode acontecer que os filhos, para não desagradarem os pais, assumam o desejo deles. Nesses casos, cedo ou tarde, ou abandonam a vocação ou profissão assumida, ou levam uma vida apagada, amargurada, infeliz e com falta de sentido.

Muitos tomam para si o caminho de outra pessoa. Incumbem-se de um fardo que não lhes pertence e sob o qual se arriscam a desmoronar, à força de querer salvar o outro, consertar algo em seu lugar, deixar-se invadir pelo problema alheio, engajar-se em promessas que os desviam do próprio rumo e que se constituem frequentemente em verdadeiros pactos com a morte, não com o Deus dos vivos[8].

Deus tem um projeto para cada pessoa. Na medida que esse projeto divino é correspondido, a pessoa sente que está no caminho certo, vive com alegria, generosidade, entusiasmo, e seu coração profundo vai irradiando luz por onde ela passar. A grandeza e a bondade brotam de dentro, do coração profundo, quando a própria vocação e a missão recebida por Deus são assumidas e vividas com alegria e criatividade. Quanto mais a luz divina ilumina o seu coração profundo, mais brilhará para o mundo no seu modo de ser e agir. A vocação fundamental para cada ser humano é acolher o dom da vida, encontrar o projeto de Deus para a sua vida, sem sentir-se obrigado a assumir o passado frustrado de outros ou a pensar que pode reparar o que outros não conseguiram viver. É preciso romper os círculos viciosos instalados numa

---

8. PACOT, Simone, *Volte à Vida!*, 127.

família, e que podem ser transmitidos de geração em geração, para poder acessar e desenvolver os talentos e a missão reservada para cada pessoa.

O principal objetivo da vida é simplesmente se tornar tudo o que nascemos para ser. Como é bom quando, no final do dia, podemos agradecer a Deus por termos conseguido ser sinal de luz, de esperança e da bondade divina na vida de outras pessoas. A contribuição pessoal em benefício da vida de todas as demais é o propósito final do trabalho e da vida de cada um. Não devemos ter medo de viver felizes, deixando que a bondade, o amor, a luz divina que habitam em nós, contagiem a vida daqueles e daquelas com quem convivemos. Essa é a razão da nossa existência. Assim deixaremos florescer no mundo o plano de Deus para a humanidade e não teremos necessidade de esperar que outros vivam e façam o que nós mesmos não conseguimos viver e fazer. Mas para vencer dificuldades que experimentamos no processo de nos tornarmos aquilo que nascemos para ser, muitas vezes necessitamos da ajuda de outros. Sozinhos nem sempre encontramos o caminho da vida, da luz, da esperança e da plenitude, pois as sombras, a confusão, a cisão e a invasão podem ser muito poderosas.

VIVER O DOM DA VIDA

Ninguém tem o direito de dominar ninguém

Uma pessoa nunca deveria querer dominar outra. Dominar alguém significa impedir que o projeto de vida que Deus colocou no coração dessa pessoa seja vivido e partilhado com terceiros. A atitude de dominar nada mais é que o poder abusivo de um ser humano sobre outro. Dominar significa impor a outros a minha visão de vida. É forçar outros a negarem ou reprimirem os seus valores, os seus sonhos, seus dons e talentos para que vivam conforme a minha percepção e compreensão da realidade. Dependendo da função ou cargo que a pessoa dominadora exerce, ela pode tornar a vida das outras um inferno. As situações de dominação e abuso de poder fazem com que os talentos e a capacidade criativa de muitos sejam sufocados e até anulados. Os ambientes familiar, comunitário, de trabalho e social, em vez de serem espaço de luz, de vida plena, de partilha, de bem-estar, tornam-se um lugar de sombras, de tristeza, de frustração e de morte.

Ninguém tem o direito de dominar outras pessoas. Mesmo que a função que alguém exerça lhe confira poder, isso não o autoriza a querer dominar outros. O Criador da vida conferiu a cada ser humano um projeto de vida. O poder que nos é dado deve ser colocado a serviço da vida para que todas as pessoas possam, de forma livre e criativa, integrar e viver em suas vidas o projeto que o Criador pensou e planejou para elas. Isso é muito diferente da atitude de dominar e impor aos outros a minha visão de vida. Assim, a conquista, a realização e a plenitude alcançadas pelos outros tornam-se fonte de alegria, de fecundidade, de construção comum e de gratidão ao Criador pelo dom da vida.

A atitude de dominação, em vez de ajudar a que as pessoas dominadas brilhem em suas vidas, vivam com criatividade e generosidade, transforma-as em vítimas forçadas a renunciarem à fonte de vida, de luz e de amor que está no coração profundo de cada um. As vítimas são forçadas a viverem aquilo que não lhes pertence, que não faz parte de suas vidas. Assim acontece o desvio do caminho, o esvaziamento interior e a desconexão da fonte da vida. Esse processo, além do vazio existencial que provoca, muitas vezes favorece que se desenvolvam fortes sentimentos de culpa nas vítimas, pois sentem que não estão conseguindo viver o fluxo natural da sua vocação e missão. Por isso é importante que recebam ajuda para libertar-se desse fluxo de morte e de escravidão e comecem a viver com leveza e gratidão o dom da vida.

"Não cobiçar as coisas alheias"

O décimo mandamento da lei de Deus, "não cobiçar as coisas alheias", é um convite a não querer desejar ou possuir aquilo que é dos outros. Cada qual deve desenvolver seus dons e talentos, sem querer possuir os dos outros. "A cobiça consiste em querer ter ou ser o que o outro tem ou é, em vez de se construir com os próprios recursos. É uma forma de alienação cujas consequências levam, ou à rivalidade moral, ou à depreciação, portanto a dois caminhos de destruição e autodestruição."[9] Através da cobiça a pessoa desencadeia processos e atitudes que invadem a vida alheia, desenvolvendo mecanismos que a ajudam a obter o que não lhe pertence.

A atitude do Rei Davi, um célebre personagem do Antigo Testamento, pode servir-nos de exemplo. Davi cobiçou a mulher, bonita e atraente, de um dos seus subalternos mais fiéis (2Sm 11,1-26). O resultado foi desastroso. Davi, para ter aquela bela mulher como sua, acabou forçando a morte do seu subalterno. Toda vez que alguém alimenta a cobiça e a põe em prática, haverá quem seja prejudicado e desrespeitado na sua identidade, na sua vocação e nas suas posses. E a pessoa

---

9. Ibid., 135.

que cobiça tampouco poderá viver em paz, porque ultrapassa os limites de sua vida, desrespeita as suas fronteiras, invadindo a vida de outros. Enfim, a cobiça não só invade a liberdade alheia, mas quem cobiça se torna escravo dessa dinâmica insaciável de possuir.

Adão e Eva também caíram no pecado da cobiça. Ao cobiçarem o fruto da árvore da vida, cobiçaram a divindade, a identidade e o ser de Deus. Queriam ser aquilo que não eram e para o qual não tinham sido criados. Sendo criaturas desejavam um deslocamento da sua condição para ser iguais ao Criador. Assim negavam a identidade própria ao desejar algo que não lhes pertencia. Adão e Eva caíram nas armadilhas enganosas do tentador, da força do mal que leva às sombras e que quer afugentar a luz ou afastar da verdadeira fonte da vida, ou seja, de Deus Criador.

Em busca de unidade e integração

Deus não criou o ser humano dividido ou desintegrado. Ele o criou à sua imagem e semelhança e o colocou no Jardim do Éden para viver em harmonia com o Criador, com o semelhante e com toda a Criação. Para Pacot, a quarta lei da vida é aquela força interna "em busca de unidade da pessoa habitada pelo Deus vivo"[10]. Essa busca ou anseio desafia a pessoa a voltar à origem de sua vida, a se voltar para Deus. Em Deus, fonte e origem da vida, ela encontra a razão da sua existência, o sentido de sua vida. Em Deus ela experimenta a plenitude quando deixa que ele habite em seu coração profundo, que seja a luz que ilumina a sua vida, pois só então terá mais facilidade de colocar em prática o mandamento do amor: "amarás o Senhor teu Deus, de todo o teu coração, de toda a tua alma, com toda a tua força e de todo o teu entendimento; e a teu próximo como a ti mesmo" (Lc 10,27).

A experiência de dona Rosa pode ilustrar essa lei de vida. Dona Rosa me procurou para um acompanhamento espiritual e psicológico. Ela se encontrava já há muitos anos deprimida. A causa da depressão, segundo ela, era que o esposo e os filhos estavam envolvidos no tráfico de drogas. Além do mais, seu esposo também saía com outras mulheres, mas no momento se encontrava encarcerado. Dona Rosa era uma mulher de fé e costumava participar da missa dominical. Ao longo de quase dois anos nos encontramos semanalmente para um processo de acompanhamento. No início do acompanhamento, ela estava desanimada, triste e não tinha esperança de que a vida poderia melhorar.

---

10. Ibid.

O comportamento do esposo e dos filhos havia como que apagado a chama de sua vida. Na medida, porém, em que ela foi conseguindo externar as frustrações e as dores acumuladas, fui ajudando-a a perceber que havia uma diferença grande entre as atitudes de seu esposo e de seus filhos e a presença amorosa de Deus em sua vida. Assim, pouco a pouco, ela conseguiu perceber que Deus a amava e nunca deixou de amá-la. Sentindo-se amada, deu-se conta de que Deus ainda habitava em seu coração profundo. Lentamente as trevas e sombras, que encobriam a luz no seu coração profundo, foram diminuindo e a luz começou a brilhar desde dentro. Gradativamente dona Rosa foi reconhecendo que é o amor de Deus que confere dignidade e sentido à vida. Isso fez com que o sorriso voltasse ao seu rosto. Fomos concluindo o acompanhamento no dia em que ela apareceu no consultório e me disse: "Padre, depois de muitos anos, hoje, quando saí de casa, me dei conta de que o sol brilha", e deu um sorriso cheio de alegria e gratidão a Deus pelo dom da vida. "Por mais deprimente que seja a aparência de uma pessoa, a fagulha da existência do Eterno e a dignidade de pessoa amada de Deus estará nela presente" (São Francisco de Assis).

O rompimento da relação com Deus e as feridas profundas que podem abrir-se na vida humana, deslocam o ser humano do seu justo lugar de criatura e desencadeiam o desequilíbrio na relação com a Criação e com a própria vida. Ignorando a presença de Deus, agindo como se fosse Deus, o ser humano se "autoriza" a explorar os outros e toda a Criação de maneira desrespeitosa. Tendo perdido a medida do limite, seu orgulho cresce, e passa a desejar que todos se submetam a ele. Assim se desenvolve uma relação desigual que permite o domínio, a exploração, a anulação e o abuso das pessoas como se fossem escravos ou meros objetos descartáveis. Quando alguém vive a ruptura com Deus e quer ser como Deus, ele se desloca do seu lugar original de criatura. Além de se distanciar do Criador, começa a desrespeitar os semelhantes e toda a Criação. Pacot diz que aquela ruptura também leva à fragmentação da relação da pessoa consigo mesma. Essa fragmentação divide, cria desarmonia, prejudica a integração e rompe a unidade entre *o corpo, a psique e o coração profundo*. O corpo e a psique começam a adoecer; o espírito se distancia de sua fonte, que é Deus, e a pessoa é levada ao fechamento e isolamento. O coração profundo deixa de ser habitado pela luz divina, e as sombras vão obscurecendo os horizontes de vida. Ninguém é só corpo, só psique e só coração profundo. É necessário que essas dimensões se integrem na vida da pessoa para que ela seja uma. Quando essas três dimensões não estão bem integradas, o trabalho do acompanhamento, seja pela terapia seja pela orientação espiritual, é ajudar a pessoa a integrá-las e assim encontrar seu lugar na Criação conforme o desejo de Deus Criador.

O caminho de retorno à fonte da vida requer que reconheçamos que somos criaturas criadas por amor, não deuses. Voltar à fonte da vida supõe humildade, simplicidade, confiança e esperança da parte humana. Jesus Cristo é o Caminho que leva de volta ao Pai. Através da presença viva do Espírito de Deus, Espírito que ilumina o caminho, a pessoa terá forças suficientes para acolher o abraço misericordioso do Pai e deixar que Jesus a liberte das suas fraquezas e do pecado. Portanto, de volta à fonte da vida, à comunhão com o Criador, ela reconhece que não se basta, que não pode viver como uma ilha, e que o caminho da vida, rumo ao eterno, se faz caminhando com outros e em sintonia com toda a Criação. Assim será sal da terra e luz do mundo (Mt 5,13-14), porque a luz voltou a iluminar o seu caminho.

O acesso à fecundidade e ao dom

Em Gênesis 1,28 lemos que "Deus os abençoou e lhes disse: Sede fecundos, multiplicai-vos, enchei a terra e submetei-a". Cabe a cada ser humano encontrar os meios que mais lhes ajude a desenvolver os dons recebidos, a torná-los fecundos para que produzam bons frutos, pois isso significa viver com alegria, criatividade, solidariedade, com compaixão e gratidão. "A fecundidade é a capacidade de produzir frutos, bons e abundantes frutos de vida."[11] Produzir bons frutos, ser presença fecunda entre os demais, significa partilhar os dons recebidos do Criador. O sentido da vida humana é tornar a vida fecunda, desenvolver os dons recebidos e partilhá-los, em suma, manifestar o toque amoroso de Deus em todas as coisas. Quanto mais os dons são desenvolvidos, mais fecunda a vida se torna. Quanto mais fecunda a vida, mais ela brilha e se torna luz para o mundo.

Descobrir o sentido da vida nas múltiplas formas que ela pode tomar, é uma tomada de consciência que marca um antes e um depois. A visão se amplia, sai-se do sono, do hábito, da apatia... A energia volta, o desejo desperta e vem à luz, e então nos pomos alegremente a caminho, para descobrir e manifestar nossa fecundidade[12].

---

11. Ibid., 204.
12. Ibid., 205.

É uma caminhada rumo à plenitude da vida. E a plenitude da vida leva à configuração com Jesus Cristo que é o Caminho que leva ao Pai, à comunhão plena com a Trindade Santa.

Nascidos para a vida, não para a morte

Deus nos criou para a vida e não para a morte. "Eu vim para que todos tenham vida e a tenham em abundância" (Jo 10,10). Essa afirmação de Jesus também se encontra na prática de sua vida, no seu modo de ser e se relacionar com as pessoas. Um exemplo muito significativo da prática de Jesus é a maneira como trata a pecadora surpreendida em flagrante e levada ao apedrejamento: "Quem dentre vós não tiver pecado, atire a primeira pedra" (Jo 8,7). Diferentemente do comportamento das autoridades religiosas, que queriam apedrejar a mulher, Jesus não a condena, mas desafia os acusadores a fazerem um exame de consciência e a tomarem consciência dos próprios pecados. Ele perdoa, e não condena. A volta à vida implica deixar que a compaixão, o amor e a misericórdia de Deus libertem a pessoa do pecado. O processo de libertação da morte demanda viver igualmente a misericórdia e a compaixão com os outros, com a Criação e consigo mesmo.

Quanto mais alguém vive na luz, no amor e na misericórdia, mais bonita será a sua vida e mais se empenhará em respeitar e cuidar da vida e de toda a Criação, que são obra divina. Quanto mais a luz divina brilhar em sua vida, tanto mais a fraternidade e a paz universal deixarão de ser utopia e se tornarão realidade. O Reino de Deus se torna a força ou a dinâmica de sua vida. Na plenitude do Reino já não haverá mais ódio, rancor, violência, injustiça e desigualdade. "Na casa de meu Pai há muitas moradas. Não fora assim, e eu vos teria dito; pois vou preparar-vos um lugar. Depois de ir e vos preparar um lugar, voltarei e vos tomarei comigo, para que, onde eu estou, também vós estejais" (Jo 14,2-3).

Portanto, em Cristo poderemos, enfim, viver a plenitude, a realização, a paz e a felicidade desejada por todos. Deus Pai, através de seu Filho amado, reabriu o caminho da plenitude, da comunhão, da paz e da felicidade para todos, mas é preciso que o ser humano faça a sua parte, vivendo conforme os ensinamentos e o testemunho de Jesus Cristo, acolhendo o caminho que leva à realização plena em Deus, que é desafiador e nada fácil. Segundo Matthew Kelly: "Por um lado, todos queremos ser felizes. Por outro, todos sabemos que coisas nos deixam felizes. Mas não fazemos essas coisas. Por quê? É simples. Estamos ocupados demais.

CONFIGURAÇÃO COM CRISTO

Ocupados demais fazendo o quê? Ocupados demais tentando ser felizes"[13].

Quem ama e deixa-se amar vive uma vida iluminada, de comunhão, de solidariedade e plena de sentido. Nesta mesma linha afirma Renate Jost de Moraes: "Todo ser humano tem sede da verdade e todo homem quer melhorar e aperfeiçoar-se. Compreender isto exige a atitude de amor, de um amor discernido, da parte do terapeuta, o que será a sua primeira e insubstituível técnica"[14]. Podemos dizer que essa também é a missão do orientador espiritual.

Viver na verdade, na luz, no amor, na solidariedade e na alegria de servir significa viver configurado com Cristo. Quanto mais configurado com Cristo, tanto mais a pessoa estará desejosa de encontrar-se com o Pai. O encontro definitivo com Deus significa receber o convite do Filho de Deus: "Vinde, benditos de meu Pai, tomai posse do Reino que vos está preparado desde a criação do mundo" (Mt 25,34). Assim acontecerá a vida nova em Cristo que veremos no próximo capítulo.

---

13. KELLY, Matthew, *The rhythm of life: Living every day with passion and purpose*, New York, Fireside, 2004, 21. No original: "On the one hand, we all want to be happy. On the other hand, we all know the things that make us happy. But we don't do those things. Why? Simple. We are too busy. Too busy doing what? Too busy trying to be happy".
14. MORAES, Renate Jost de, op. cit., 279.

Para refletir e rezar

Em clima de silêncio e de paz, escute as moções e as vozes internas que orientam a sua vida. A configuração com Cristo implica fazer a opção pela vida e conhecer o autor da vida, o Verbo encarnado (Jo 1,1-16). Não basta o conhecimento intelectual, teórico e discursivo sobre Jesus Cristo, o Verbo encarnado, mas sim que seja afetivo, e nascido desde o coração profundo. Conhecer Jesus, ser seu amigo ou amiga, facilita o processo da configuração com ele. Outra prática importante é passar tempo com Jesus, falar-lhe e escutar o que ele quer falar a você. Tudo isso gera profunda confiança e desejo de imitá-lo.

Sempre em clima de silêncio e de oração, procure perceber o quanto a sua vida está configurada com Jesus. Agradeça a Deus por todos os momentos bonitos e de paz que Jesus já propiciou em sua vida. Peça também a graça para viver sempre mais próximo a ele para viver com alegria o dom da vida.

9

VIDA NOVA EM CRISTO

Ao mesmo tempo, ouvi do trono uma grande voz que dizia: Eis aqui o tabernáculo de Deus com os homens. Habitará com eles e serão o seu povo, e Deus mesmo estará com eles. Enxugará toda lágrima de seus olhos e já não haverá morte, nem luto, nem grito, nem dor, porque passou a primeira condição. Então, o que está assentado no trono disse: Eis que eu renovo todas as coisas (Ap 21,3-5).

A vida nova em Cristo começa pelo batismo. Pela ação e força do Espírito Santo Deus liberta a pessoa do pecado e a unge com a vida em Cristo. Essa vida nova em Cristo lhe dá nova identidade, a identidade cristã. João Batista batizava com a água, e o seu batismo era de conversão. Assim dizia o Batista:

Depois de mim vem outro mais poderoso do que eu, ante o qual não sou digno de me prostrar para desatar-lhe a correia da sandália. Eu vos batizei com água; Ele, porém, vos batizará no Espírito Santo. Ora, naqueles dias veio Jesus de

Nazaré, da Galileia, e foi batizado por João, no Jordão (Mc 1,7-9).

Para ser batizado, Jesus entra no rio Jordão, e nós também, no nosso batismo, somos banhados nas águas na pia batismal. É ali que o Senhor espera por nós para nos libertar da escravidão do pecado e dar-nos uma vida nova de comunhão com ele. Na pia batismal ele acolhe a pessoa, a ama, a perdoa e a renova pela força do Espírito de Deus, o mesmo Espírito que ungiu Jesus e confirmou a sua vocação e missão. Jesus é ungido e confirmado como Messias, o enviado do Pai, para redimir a humanidade. Ele é o Filho amado ao qual devemos escutar. "Tu és o meu Filho muito amado; em ti ponho minha afeição. E logo o Espírito o impeliu para o deserto" (Mc 1,11-12). A vida nova recebida através do batismo leva ao seguimento de Cristo, que, por sua vez, nos chama a anunciar e testemunhar a Boa Nova do Evangelho. Assim, sendo fiel a Jesus, que quer atrair toda a humanidade para si, para que ressuscite com ele, a vida nova recebida no batismo atinge sua plenitude.

Chamados a seguir Jesus Cristo

Mesmo que o batismo nos transforme em criaturas novas, sempre teremos necessidade da ação transformadora de Deus, que se faz presente em nossas vidas através do Espírito do seu Filho amado. E o Filho age em favor das pessoas para cumprir a vontade do Pai. Uma das formas de Jesus atuar em favor da vida é o chamado ao seu seguimento. Em Marcos 1,14-20, encontramos o chamado dos primeiros discípulos: Pedro e André; Tiago e João. Todos eles pescadores. Pedro e André estavam lançando as redes nas margens do mar. Os outros dois estavam consertando as redes. Jesus os chamou para que se tornassem pescadores de homens. Eles eram pescadores profissionais, mas enfrentavam suas dificuldades, seus medos e seus limites. Para poderem acolher com alegria e generosidade o chamado de Jesus, foi preciso se libertarem de tudo aquilo que os paralisava. O convite de Jesus provoca neles uma mudança de vida. Segundo Gaetano Piccolo:

> Simão e André lançavam as redes permanecendo nas margens do lago: tinham medo do mar, não tinham confiança, o medo de morrer os mantinha prisioneiros da superfície. Tiago e João, um pouco mais adiante, estão presos ao reparo das redes, que fazem quase obsessivamente; os vemos recolhidos e em silêncio: as redes estavam arrebentadas[1].

---

1. PICCOLO, Gaetano, *Leggersi dentro. Con il Vangelo di Marco*, Milano, Paoline, 2020, 32 (tradução nossa).

A presença de Jesus se torna a oportunidade para mudarem de vida, para se libertarem dos medos e dos limites. São chamados a entrar mais fundo no mar, a se desvencilharem das redes arrebentadas e a se tornarem pescadores de homens. Essa nova missão eles a aprenderam com Jesus, caminhando com ele e observando como agia e realizava a vontade do Pai. Assim, um novo horizonte se abriu na vida desses pescadores. Um novo sol brilhou para eles. Da mesma forma, ainda hoje, todos os batizados, renascidos em Cristo, são chamados a mudarem de vida através da vivência, do anúncio e do testemunho do Evangelho.

O batismo e o seguimento a Jesus Cristo transformam a vida

A experiência do batismo e o seguimento a Jesus Cristo transformam e renovam gradativamente a vida dos batizados. A razão pela qual Jesus veio ao mundo foi exatamente para libertar o ser humano do pecado e da morte. Viver em Cristo e para Cristo leva o batizado a viver como Jesus, ou seja, a ir ao encontro das pessoas em necessidade. A identificação com Cristo é graça de Deus. São Paulo, Apóstolo das Nações, se entregou de corpo e alma à causa do Reino de Deus anunciado por

Jesus Cristo. E o fez de tal forma que chegou a dizer: "Fui crucificado com Cristo. Assim, já não sou eu quem vive; é Cristo que vive em mim. A vida que agora vivo no corpo, vivo-a pela fé no filho de Deus, que me amou e se entregou por mim" (Gl 2,20). A transformação da vida em Cristo se dá na fidelidade do seguimento cotidiano a ele, que chama e envia em missão, e no colocar em prática os seus ensinamentos, que se resumem na lei do amor: "Dou-vos um mandamento novo: Amai-vos uns aos outros. Assim como eu vos tenho amado, assim também deveis amar-vos uns aos outros" (Jo 13,34).

O batismo, além de conferir identidade cristã à pessoa, também transforma a sua vida na medida em que, para além da celebração do sacramento batismal, ela coloca em prática a lei do amor, da compaixão, da caridade, da solidariedade e da misericórdia. Mas isso nem sempre é fácil. Esse modo de ser e de viver supõe a fé e a esperança. A fé porque se acredita que Jesus é o Filho de Deus, o Messias, o enviado do Pai para redimir a humanidade. A esperança, porque professa que Cristo venceu o mal, o pecado e a morte através da ressurreição.

Viver a fé e a esperança supõe uma boa dose de humildade para quem segue o Senhor, porque, em diferentes momentos, os seus limites, pecados e fragilidades fazem experimentar a solidão, a frustração e a sensação do fracasso. A experiência da solidão, do desânimo e da desolação espiritual aumentam o risco de cair nas armadilhas do mau espírito. Nesses momentos é mais fácil ser enganado ou se iludir, entrando em dinâmicas negativas, de morte e de trevas. A força do mal usa diferentes estratégias para desviar a pessoa do caminho que leva para Deus. Essas experiências, como o desânimo, a falta de esperança e a desolação, dão a impressão de que as trevas conseguem dominar e obscurecer os caminhos de sua vida. Mas Jesus nos ensinou que podemos suplicar pela misericórdia de Deus Pai. Ele sempre está de braços abertos e esperando por cada pessoa para a acolher em sua casa e fazer festa pelo seu retorno, como na parábola do Filho Pródigo ou do Pai Misericordioso (Lc 15,11-32).

Acolher a misericórdia divina e voltar para casa, ao encontro de Jesus, para muitas pessoas é uma experiência de festa, de alegria, de vida nova, de plenitude e de renascimento. Um dia, uma senhora me procurou para partilhar sua vida, e dizia também que queria confessar-se. Assim que ela chegou no meu gabinete, percebi que estava nervosa, tensa, agitada e muito inquieta. Da minha parte, dei-lhe as boas-vindas e a acolhi com simplicidade, serenidade. Imediatamente ela disse que sentia paz dentro do espaço onde nos encontrávamos. Começamos com um breve momento de oração conduzido por mim, pedindo que Deus enviasse a sabedoria do

Espírito Santo sobre nós. Depois ela começou a partilha. Seus últimos dez anos de vida tinham sido de muito sofrimento, frustração, decepção e desencanto. Sua família estava destruída. "Deus me abandonou", dizia ela. Seu coração estava machucado e muito magoado. Ela não conseguia mais experimentar o amor e a ternura de Deus em sua vida. "Deus não me ama mais", foi a expressão que saiu de seus lábios em meio a lágrimas. A vida não tinha mais sentido para ela. Enquanto ela partilhava, simplesmente a escutei e procurei demonstrar que a entendia e a acolhia em sua realidade de sofrimento e de desespero. No final da partilha, ela disse: "Será que Deus ainda me perdoa?". Nesse momento me lembrei da passagem do Filho Pródigo, da Samaritana e de tantas pessoas que Jesus acolheu e perdoou, e então disse a ela: "Se Jesus acolheu e perdoou essas pessoas, será que deixará de amar você?". Ao que ela respondeu: "Acho que ele também me perdoa". Assim celebramos o sacramento da misericórdia de Deus. A senhora, por fim, deixou meu gabinete com um bonito sorriso no rosto. Ela estava aliviada e se sentia renovada. A luz tinha voltado a brilhar em sua vida.

Em busca da felicidade

Toda pessoa sonha e deseja ser feliz, ter uma vida bonita, saudável, plena de sentido e de realização. Mas esse sonho está longe da realidade cotidiana. São poucos os que conseguem vivê-lo. Para muitas pessoas, a vida é marcada por dor, tristeza, desencanto e frustração. Para outras, faltam sentido e motivação para viverem. Outras fazem opções erradas e deixam que as sombras ofusquem a luz que está no seu coração. Há também aquelas que não querem deixar os aparentes privilégios ou apegos e vícios que a vida material oferece e se tornam escravas de suas decisões e opções. Não são elas que possuem os bens materiais, mas os bens materiais as possuem. Encontramos também pessoas que têm medo de Deus ou que negam a existência divina e por isso não são capazes de projetar uma vida para o futuro, para o eterno.

Essas realidades de dor, de sofrimento, de morte, de falta de sentido, de desencanto, de raiva, de ódio e rancor são obstáculos que dificultam viver com alegria e esperança a vida. No entanto, quem volta o olhar para Jesus, acolhe o seu abraço misericordioso e compassivo e procura viver de acordo com a boa nova do seu Evangelho, ou mesmo quem, sem ser cristão, procura simplesmente viver o bem, a justiça e a verdade, no "juízo final" ouvirá o belo convite que Jesus faz: "Vinde, benditos de meu Pai, tomai posse do Reino que vos está preparado desde a criação do mundo" (Mt 25,34). A direção espiritual e o aconselhamento pastoral ajudam as pessoas a olhar com realismo o lado obscuro da vida para que, integrando-o de maneira sadia, possam voltar a celebrar e a bendizer o Deus da vida pelas experiências positivas em suas vidas. Assim, ambas as experiências, positivas e negativas, se tornam meios que ajudam as pessoas a encontrarem ou a retomarem os caminhos que levam de volta à luz, ao primeiro amor (Ap 2,4-5), que espera pacientemente pelo retorno do filho ou da filha amada (Lc 15,20-23).

Apesar dos empecilhos que se apresentam para viver uma vida feliz, todos os que se inspiram na luz do mundo (Jo 8,12) podem contar com a presença de Deus através da força do Espírito Divino, que os conduz pelos caminhos de Jesus. O próprio Cristo os conforta ao dizer:

> Eis que vem a hora, e ela já veio, em que sereis espalhados, cada um para o seu lado, e me deixareis sozinho. Mas não estou só, porque o Pai está comigo. Referi-vos essas coisas para que tenhais a paz em mim. No mundo haveis de ter aflições. Coragem! Eu venci o mundo (Jo 16,32-33).

Jesus também disse que todos os que o seguirem não andarão nas trevas, mas terão a luz da vida (Jo 8,12). Muitas vezes Deus se faz presente através daqueles que se aproximam de quem passa por dificuldades, daqueles que querem ajudar. Tais pessoas são como anjos que aparecem gratuitamente e manifestam o amor, a ternura e a misericórdia de Deus.

Outra forma de contemplar a presença amorosa e cuidadosa de Deus encontramos no Salmo 23,2-4: "O Senhor é meu pastor, nada me faltará. Em verdes prados ele me faz repousar. Conduz-me junto às águas refrescantes, restaura as forças de minha alma. Pelos caminhos retos ele me leva, por amor do seu nome. Ainda que eu atravesse o vale escuro, nada temerei, pois estais comigo". De fato, na presença de Deus não precisarmos temer nada, pois ele é a nossa segurança e a nossa vida. Ele é a nossa felicidade, a nossa paz e a nossa consolação.

Vida em abundância

O modo de ser e agir de Jesus se define muito bem em João 10,10: "Eu vim para que todos tenham vida e a tenham em abundância". Essa vida abundante se encontra em seus gestos de perdão, de cura, de libertação, no seu jeito de amar, de acolher e de compreender as pessoas. Vejamos alguns exemplos.

Em João 8,10-11, Jesus diz à mulher que tinha sido surpreendida em adultério: "Mulher, onde estão os que te acusavam? Ninguém te condenou? Ninguém, Senhor.

Nem eu te condeno. Vai e não tornes a pecar". Em Marcos 10,46-52, Jesus devolve a vista ao cego Bartimeu, o qual lhe clamava, dizendo: "Jesus, filho de Davi, tem compaixão de mim!". Jesus lhe responde: "Que queres que te faça?", e o cego lhe respondeu: "Rabôni, que eu veja". Jesus atende o seu pedido e diz: "Vai, a tua fé de salvou". Nessa passagem é importante dar-se conta de que a fé da pessoa é essencial no processo de cura. Jesus age e perdoa, mas é preciso acreditar no perdão e na libertação que ele oferece. Quando pedimos a ajuda de Deus através da oração, a transformação vai acontecendo porque acreditamos e agimos conforme o pedido feito.

Nas bodas de Caná da Galileia (Jo 2,1-11)[2] encontramos a mediação de Maria, a mãe de Jesus, que lhe diz: "Eles já não têm vinho", e depois se dirige aos serventes: "Fazei o que vos disser". Disse-lhes então Jesus: "Enchei as talhas de água. Tirai agora e levai ao chefe dos serventes", o qual reagiu dizendo: "É costume

---

2. Jesus, com seus discípulos e Maria estão presentes na festa das bodas. No meio da festa o vinho acaba. Maria se dirige a seu Filho para dizer que não tem mais vinho. Jesus realiza o primeiro sinal (milagre) e transforma a água em vinho bom, oferecendo-o em abundância. Essa abundância de vinho bom revela que o amor de Deus Pai é abundante para a humanidade. Jesus, o enviado do Pai, veio para revelar esse amor e se torna o Caminho que leva ao Pai.

servir primeiro o vinho bom e depois o menos bom". Nessa passagem, além de desfazer a situação constrangedora da família que organizara a festa, Jesus oferece vinho melhor e em abundância. Ele se torna o centro da festa, da aliança de Deus para com seu povo. O vinho melhor e abundante revela que o amor e a bondade de Deus são abundantes para a humanidade. E o ser humano é criado e chamado para ser bom (santo) e assim viver em comunhão com Deus e com toda a Criação, conforme o texto de Levítico 19,2: "Sede santos, porque eu, o Senhor vosso Deus, sou santo".

Deus age através das pessoas

Depois da ascensão de Jesus Cristo ao céu, os Apóstolos esperavam pela vinda do Espírito Santo, a festa de Pentecostes. A vinda do Paráclito, o Espírito da verdade, era a promessa que Jesus havia feito aos discípulos para que, por meio dele, eles pudessem compreender as Escrituras, o plano redentor do Pai, e anunciar o Evangelho a todos os povos. Com a vinda do Espírito Santo os apóstolos foram iluminados e começaram a anunciar o Evangelho de Jesus Cristo, a curar as pessoas de suas enfermidades e a perdoar em nome de Jesus.

E eu rogarei ao Pai, e ele vos dará outro Paráclito, para que fique eternamente convosco. É o Espírito da Verdade, que o mundo não pode receber, porque não o vê nem o conhece, mas vós o conhecereis, porque permanecerá convosco e estará em vós. Não vos deixarei órfãos. Voltarei a vós (Jo 14,16-18).

Jesus Cristo continua contando com os batizados para que a Boa Nova seja vivida, testemunhada e anunciada. Ele quer que sejamos instrumentos ou meios para que seu amor seja conhecido por muitos.

Certo dia, começando a colaborar numa paróquia, depois da missa uma senhora veio pedir a bênção. Perguntei se ela tinha uma intenção especial para pedir a bênção. "Sim", ela disse, "faz muitos anos que sofro com dor de cabeça ininterruptamente. Tomo remédios, mas não sinto mudança". Com esse pedido, antes de dar a bênção, mencionei algumas passagens bíblicas que narram as curas que Jesus realizou pela imposição das mãos. Depois perguntei se eu poderia colocar as minhas mãos em sua cabeça para dar a bênção. Com o consentimento dela, impus-lhe as mãos e fiz uma simples oração pedindo que Jesus a libertasse dessa dor que a incomodava por tanto tempo. Falei da importância de acreditar em Jesus. Depois dei a bênção. Um mês depois encontrei a senhora na missa. No final ela veio me dizer que não tinha sofrido mais com a dor de cabeça. A mesma afirmação escutei dela uma vez mais uns anos depois. Esse simples gesto mostra o quanto é importante a fé e o agir em nome de Jesus Cristo. Ele quer curar e libertar as pessoas dos sofrimentos e do mal para que tenham vida em abundância (Jo 10,10). Para isso, ele conta com a nossa colaboração de anunciar a sua Boa Notícia e atuar em seu nome. "Depois disso, designou o Senhor ainda setenta e dois outros discípulos e mandou-os, dois a dois, adiante de si, por todas as cidades e lugares para onde ele tinha de ir" (Lc 10,1).

Plenitude de vida

Para o acesso à plenitude de vida, à comunhão com Deus, conforme lemos em Apocalipse 21,3-5 e em Mateus 5,1-16, Jesus apresenta uma proposta de vida com os requisitos necessários para levar ao lugar que Deus reservou para cada pessoa. Esse lugar pode ser belo, humilde e gracioso, como Santo Inácio descreve na "Meditação das Duas Bandeiras" o lugar onde Cristo Nosso Senhor se encontra para chamar os seus (EE, n. 144). O acesso a esse lugar, que leva à plenitude de vida, se dá através das bem-aventuranças.

É interessante observar que Jesus no discurso sobre as bem-aventuranças, apresenta uma proposta de vida que leva à felicidade, a qual será consequência de uma mudança de mentalidade e de comportamento. Jesus diz que seremos felizes quando nos tornarmos conscientes de ser pobres, humildes, mansos, com fome de justiça e quando atuarmos em favor da paz. Neste sentido, segundo Gaetano Piccolo, "o reino dos céus não é um lugar imaginário e futuro, o reino dos céus é a relação viva e presente com Deus"[3].

Quanto mais a pessoa encarna e vive as bem-aventuranças, tanto mais a bondade e o amor de Deus se tornam o centro de sua vida. Essa centralidade de Deus torna a pessoa livre e desapegada de tudo aquilo que pode desviar seu foco de Deus. A relação com Deus dá o sabor da felicidade, da realização e da plenitude de vida. É também o sabor antecipado daquilo que será a relação eterna com Deus na vida após a morte. "Eis que estou convosco todos os dias, até o fim do mundo" (Mt 28,20). Tendo sido criados pelo amor do Criador, todos somos chamados a corresponder com o plano de Deus lá onde vivemos, onde passamos a nossa vida. Esse é o lugar e o tempo para que cada um coloque os

---

3. Piccolo, Gaetano, *Leggersi dentro. Con il Vangelo di Matteo*, Milano, Paoline, [7]2020, 53.

talentos recebidos a serviço dos demais, especialmente dos mais necessitados. Assim o lugar da plenitude descrito no Apocalipse se torna realidade. "Ao mesmo tempo, ouvi do trono uma grande voz que dizia: Eis aqui o tabernáculo de Deus com os homens. Habitará com eles e serão o seu povo, e Deus mesmo estará com eles. Enxugará toda lágrima de seus olhos e já não haverá morte, nem luto, nem grito, nem dor, porque passou a primeira condição. Então, o que está assentado no trono disse: Eis que eu renovo todas as coisas" (Ap 21,3-5).

Reino dos céus: o lugar do destino humano

O Reino dos céus é o lugar não somente da comunhão com Deus, mas também da comunhão com as pessoas e com toda a Criação. É o lugar do qual Jesus fala aos discípulos quando diz que o irá preparar para eles. "Na casa de meu Pai há muitas moradas. Não fora assim, e eu vos teria dito; pois vou preparar-vos um lugar. Depois de ir e vos preparar um lugar, voltarei e vos tomarei comigo, para que, onde eu estou, também vós estejais" (Jo 14,2-3). Em Apocalipse 21,22-23, o apóstolo João, em sua visão sobre a Cidade Santa, a Nova Jerusalém, afirma: "Não vi nela, porém, templo algum, porque o Senhor, Deus Dominador, é o seu templo, assim como o Cordeiro. A cidade não necessita de sol nem de lua para iluminar, porque a glória de Deus a ilumina, e a sua luz é o Cordeiro". Essas duas passagens bíblicas remetem à imagem do Jardim do Éden no início do livro de Gênesis: uma situação de harmonia, de comunhão. Dada a desobediência de Adão e Eva à ordem de Deus, ambos foram expulsos do Jardim, o lugar de comunhão e de plenitude. Jesus, o enviado do Pai, veio para salvar a humanidade e abrir o caminho de volta ao Paraíso, ao Jardim do Éden que também podemos entender como a Terra Prometida, o Reino de Deus ou a Jerusalém Celeste.

O acompanhamento espiritual e o aconselhamento pastoral buscam ajudar a pessoa na integração humana, na superação dos conflitos e traumas em sua vida, em um melhor desenvolvimento dos talentos e dons pessoais, na alegria de viver uma vida com sentido, na liberdade interior, na intimidade com o Senhor, para, assim, através da força Espírito de Deus, deixar a vida florescer e ser sinal do amor e da luz divina para o mundo. A pessoa integrada, capaz de conviver com seus limites e suas forças positivas, conseguirá viver e testemunhar o amor de Deus revelado em Cristo, aquele que renova tudo e todos. "Eis que eu renovo todas as coisas" (Ap 21,5). Portanto, ela será capaz de viver sempre mais conforme a vontade de Deus, tornando-se luz para o mundo. "Assim, brilhe vossa luz diante dos homens, para que vejam as vossas boas obras e glorifiquem vosso Pai que está nos céus" (Mt 5,16). Será capaz de fazer unicamente a vontade de Deus, porque atingiu a liberdade interna que lhe permite usar das coisas, como meios, "tanto quanto ajudam a atingir o seu fim, e de privar-se delas tanto quanto o impedem" (EE, n. 23) e este fim é fazer a vontade de Deus louvando, reverenciando e servindo a Deus nosso Senhor.

Vida nova aqui e agora

A vida nova em Cristo não é apenas um sonho para o futuro. Como cristãos, somos chamados a viver já aqui na terra, na relação com os nossos irmãos e irmãs, com toda a Criação, a proposta do Reino de Deus que Jesus viveu e anunciou. Sendo sal da terra e luz do mundo (Mt 5,14-15) e, movidos pelo Espírito Santo de Deus, devemos ir ao encontro daquelas pessoas que mais sofrem, a quem a realidade nega a dignidade de vida e o direito de viverem felizes, a fim de tenham um lugar digno para morar, que tenham o pão de cada dia na mesa e acesso ao bem-estar gerado pelo trabalho humano. Em Mateus 25,34-36 Jesus dá as diretrizes básicas para o nosso modo de proceder. "Então, o Rei dirá aos que estão à direita: Vinde, benditos de meu Pai, tomai posse do Reino que vos está preparado desde a criação do mundo, porque tive fome e me destes de comer; tive sede e me destes de beber; era peregrino e me acolhestes; nu e me vestistes; enfermo e me visitastes; estava na prisão e viestes a mim". Em Isaías 11,5-8 encontramos uma belíssima descrição que podemos comparar com o Reino de Deus que Jesus anunciou, esse Reino que garante a vida nova, a vida que estará em harmonia com o projeto de Deus manifestado através da Criação. "A justiça será como o cinto de seus rins, e a lealdade circundará seus flancos. Então, o lobo será hóspede do cordeiro, a pantera se deitará ao pé do cabrito, o touro e o leão comerão juntos, e um menino pequeno os conduzirá; a vaca e o urso se fraternizarão, suas crias repousarão juntas, e o leão comerá palha com o boi. A criança de peito brincará junto à toca da víbora, e o menino desmamado meterá a mão na caverna da serpente".

Roberto Paulo, na canção *Irá chegar*, canta a utopia, o sonho e a esperança, esse lugar que é conhecido como "céu". Nesse lugar onde todos poderão viver em liberdade, em paz e em plenitude.

"Irá chegar um novo dia,
um novo céu, uma nova terra, um novo mar.
E neste dia, os oprimidos,
a uma só voz, a liberdade, irão cantar.

Na nova terra o negro não vai ter corrente
e o nosso índio vai ser visto como gente.
Na nova terra o negro, o índio e o mulato,
o branco e todos vão comer no mesmo prato"[4].

Há muitos sinais da realização do Reino de Deus no meio de nós. Quando estudava filosofia em Belo Horizonte, nos finais de semana eu fazia pastoral numa comunidade católica na periferia da cidade. Nessa comunidade, São Francisco Xavier, a presença de dona Julieta era exemplar. Ela era viúva e muito pobre. A sua casa era simples e acolhedora. Apesar de idosa e pobre, dona Julieta cuidava de um neto que era deficiente físico e mental. Os dois sempre estavam presentes na missa. Com certa frequência eu os visitava em sua casa. Chamava a atenção a alegria de dona Julieta quando recebia visita. Depois de muita insistência, o padre que costumava celebrar a eucaristia na comunidade e eu aceitamos o convite para almoçar na casa dela. Quando chegamos lá para o almoço, para a nossa surpresa, dona Julieta havia convidado as vizinhas para ajudarem nos preparativos. Ela simplesmente preparou um banquete. Provavelmente gastou bem mais do que podia. Mas ela estava radiante de alegria. A festa foi feita para muitas

---

4. ROBERTO, Paulo, música *Axé – Irá chegar*.

pessoas. A alegria de dona Julieta contagiou todos os convidados. Ainda que simples, aquele almoço se tornou um verdadeiro banquete, o banquete da vida, da alegria, da partilha e do amor fraterno. A partilha dela lembra a da viúva pobre, que ofertou tudo o que tinha. "Em verdade vos digo: esta pobre viúva pôs mais do que os outros. Pois todos aqueles lançaram nas ofertas de Deus o que lhes sobra; esta, porém, deu, da sua indigência, tudo o que lhe restava para o sustento" (Lc 21,3-4). O Reino de Deus se dá na simplicidade, na beleza, na pureza, na alegria e na partilha.

Outra experiência da concretização do Reino de Deus aconteceu no interior do oeste paranaense. Eu estava fazendo o noviciado em Cascavel. Fazia parte da formação um tempo de peregrinação. Assim como Jesus enviou os 72 discípulos, dois a dois, para irem nos lugares por onde ele mesmo deveria ir (Lc 10,1-11), os noviços eram enviados, também dois a dois, para fazerem a experiência que milhares de pessoas são forçadas a viver diariamente, isto é, pedir comida, pedir trabalho, serem humilhadas, mas confiar na Providência de Deus. No final do dia, cansados com a longa caminhada feita, chegamos a uma casa no meio de grandes plantações de trigo. Uma senhora nos atendeu. Quando lhe dissemos que estávamos cansados e por isso lhes pedíamos um lugar para passar a noite e dormir, ela disse: "Posso organizar um lugar no galpão para vocês dormirem". Depois acrescentou: "Não os chamo para dormirem dentro da casa porque estou sozinha". Em seguida nos serviu um bom jantar e fomos dormir. Na manhã seguinte nos oferecemos para trabalhar, pois queríamos fazer alguma coisa como retribuição pela sua generosidade. Ela agradeceu e disse que não havia necessidade. Nós agradecemos e lhe revelamos que éramos seminaristas. Rezamos com ela e depois seguimos nosso caminho. Essa senhora tinha todas as razões para não nos acolher, mas a sua profunda confiança em Deus fez com que ela tivesse compaixão e acabasse nos acolhendo e servindo. Outras famílias nos mandaram embora e algumas até ameaçaram chamar a polícia. Não quiseram saber da nossa fome e da vontade de trabalhar para ganhar um pedaço de pão. Essa experiência lembra a parábola do bom samaritano. Ele teve compaixão e atendeu o homem que estava machucado e abandonado na estrada (Lc 10,30-37).

As experiências de amor, de compaixão, de caridade, de solidariedade e de bondade expressam a bondade de Deus. Para quem procura fazer o bem e viver a esperança cristã, quando for chamado dessa vida para a outra, o encontro definitivo com Deus deverá ser semelhante ao que lemos em Isaías 60,1-3. O profeta afirma que a glória do Senhor vai ao encontro do povo para iluminar a sua vida. O cardeal Martini comenta que essa passagem poderia ser intitulada "um hino à luz que vem" ou "hino à luz do povo"⁵. "Levanta-te, sê radiosa, eis a tua luz! A glória do Senhor se levanta sobre ti. Vê, a noite cobre a terra e a escuridão, os povos, mas sobre ti levanta-se o Senhor, e sua glória te ilumina. As nações se encaminharão à tua luz, e os reis, ao brilho de tua aurora". O encontro definitivo com Deus pode ser como entrar na luz que tudo ilumina e plenifica. Será o encontro com a Fonte da Vida para nela permanecer eternamente. Desejar o encontro definitivo com Deus nos leva a dizer: "Vem, Senhor Jesus!" (Ap 22,20).

A vida nova em Cristo se manifesta na simplicidade, na humildade, na alegria, na transparência, na capacidade de se alegrar, de contemplar as obras de Deus e se maravilhar. Certo dia, viajando de ônibus, um casal de idosos estava sentado ao meu lado. A senhora se maravilhava com a natureza, com a obra de Deus e era capaz de perceber a beleza da Criação. Neste seu jeito de contemplar a Criação, a vida que se manifestava, ela dizia: "Deus é bom. Deus é muito bom. Como Deus é bom!". O jeito simples e alegre dessa senhora me fez lembrar aquela passagem do Evangelho em que Jesus louva o

---

5. Cf. MARTINI, Carlo Maria, *Verso la Luce. Riflessioni sul Natale*, Cinisello Balsamo, San Paolo, 2013.

Pai dos céus: "Eu te bendigo, Pai, Senhor do céu e da terra, porque escondeste estas coisas aos sábios e entendidos e as revelaste aos pequenos. Sim, Pai, eu te bendigo, porque assim foi do teu agrado" (Mt 11,25-26). A vida nova em Cristo também torna a pessoa simples, livre, alegre e transparente. Ela procura em tudo fazer a vontade de Deus e encontrar a Deus em todas as coisas. Santo Inácio descreve essa atitude de vida na "Contemplação para alcançar o amor" quando pede a quem faz os exercícios espirituais "olhar como todos os bens e dons descem do alto" (EE, n. 230-237). A vida nova que a pessoa encontra em Cristo e recebe de Cristo a leva à comunhão e harmonia com Deus e com toda a Criação.

Para refletir e rezar

Em clima de silêncio e de paz, escute as moções e as vozes internas que orientam a sua vida. Procure identificar momentos fortes em que a presença de Cristo tem sido motivo de crescimento, de transformação e de alegria em você. Jesus Cristo, o Senhor da vida, através da ressurreição, transforma e renova todas as coisas. "Eis que eu renovo todas as coisas" (Ap 21,5). Ele dá um sentido novo à vida. A proposta de vida que Jesus apresenta é o

Reino de Deus que se define na lei do amor: "Amai-vos uns aos outros. Assim como eu vos tenho amado" (Jo 13,34). Jesus, o Filho de Deus, veio para iluminar a nossa vida. Você sente que ele está sendo luz para a sua vida? Essa luz consegue iluminar o seu coração, seu jeito de ser e agir?

Peça ao Senhor que ajude a afastar as trevas que também querem um lugar importante em seu coração.

CONCLUSÃO

O conhecimento da integração humano-espiritual tem me interessado desde o noviciado, quando comecei a formação para a vida religiosa consagrada. As razões principais que me levaram a estudar e a refletir mais a fundo sobre o tema foram principalmente a vivência da fé adquirida na família e os conflitos internos que começaram a se manifestar durante o período de formação para o sacerdócio na vida religiosa consagrada. A prática da oração diária, as leituras sobre a vida dos santos, o acompanhamento espiritual, os retiros espirituais e os estudos de teologia me ajudaram a amadurecer na fé e a integrar melhor a vida. Para compreender melhor a dimensão humana, tive a felicidade de poder estudar psicologia pastoral (*pastoral counseling*). Estes estudos tiveram grande enfoque nas teorias psicológicas, nas múltiplas patologias que afetam tantas pessoas e na prática do acompanhamento terapêutico. Através dessa formação psicológica pude superar melhor os conflitos emocionais que me acompanhavam e adquiri boa compreensão do desenvolvimento humano-espiritual.

VIVER O DOM DA VIDA

O intuito desse livro é partilhar o conhecimento adquirido e assim ajudar a outros em seu processo de integração humano-espiritual. Boa parte dos temas desenvolvidos são fruto da minha jornada de vida. O ponto de partida e o ponto de chegada é Deus. À luz da fé e de documentos importantes começamos com a reflexão sobre a Criação, e passamos para a nossa condição de criaturas e para a importância do cuidado da "Casa Comum". Os *Exercícios espirituais* de Santo Inácio de Loyola iniciam com a meditação-contemplação do "Princípio e Fundamento", que convida o exercitante a tomar consciência de que foi "criado para louvar, reverenciar e servir a Deus nosso Senhor" e para usar as demais coisas tanto quanto "o ajudarem a atingir o fim para o qual é criado" (EE, n. 23).

A integração humano-espiritual ajuda a pessoa a contemplar com alegria e gratidão a obra da Criação de Deus e a sentir-se criatura desejada e amada pelo Criador. Ao mesmo tempo, ela reconhece que nem sempre as suas atitudes estão em comunhão com o projeto de Deus e que podem romper a harmonia da Criação nas suas múltiplas e infinitas manifestações de vida. A fonte principal que a pessoa é convidada a ter presente durante o processo de integração e crescimento na liberdade interna é o Deus de Jesus Cristo, o Deus Criador, o Deus que dá o dom da vida.

CONCLUSÃO

A vida de oração é o fundamento na relação da criatura humana com seu Criador. No entanto, na vida de muitas pessoas, os conflitos e traumas que se instalaram em seu coração profundo, especialmente nos primeiros anos de vida, podem dificultar essa relação genuína com o Criador, que ama incondicionalmente suas criaturas.

Por essas razões, muitas pessoas encontram dificuldades na oração e precisam se libertar das fontes negativas que carregam dentro de si para desenvolverem uma relação de confiança e de amor com o Deus da vida. Para isso, os capítulos 2, 3 e 4 se propõem a ajudar a pessoa a tomar consciência de sua história, das suas qualidades e limites, bem como a integrar e superar os traumas e conflitos que a impedem de manter uma relação harmoniosa com o Criador e com todas as criaturas. A integração da vida e a liberdade interna são igualmente importantes na colaboração com a missão da Igreja de anunciar e testemunhar a Boa Nova do Evangelho. Jesus veio "para que todos tenham vida e a tenham em abundância" (Jo 10,10). A liberdade interior não nos livra da fragilidade que é parte do ser criatura, mas dá a capacidade de acolher com simplicidade os limites e buscar meios que ajudem a se desvencilhar-se deles. A liberdade interior também ajuda a viver a vida com alegria, com gratidão, com compaixão, com misericórdia e com uma grande confiança em Deus, Princípio e Fundamento de tudo.

Nos demais capítulos o leitor foi convidado a caminhar com Jesus, a aprender com ele o caminho que leva ao Pai e a fazer a vontade do Pai. Com Jesus, aprendemos que Deus é Deus da vida, não de morte. Jesus responde aos saduceus, dizendo que o Deus de Abraão, de Isaac e de Jacó não é Deus dos mortos, remetendo a Êxodo 3,6. Disse Jesus: "Ora, Deus não é Deus dos mortos, mas de vivos" (Lc 20,38). Deus criou o ser humano para a vida e não para a morte. Essa é uma motivação poderosa que ajuda a pessoa a não permitir que as sombras dominem a sua vida. Esse Deus da vida quer habitar no seu coração e iluminar a todos a fim de que vivam com alegria, generosidade, esperança e gratidão o dom da vida. Essa dinâmica positiva leva-os a reconhecer a presença de Deus em todas as coisas, a encontrar sentido para a vida e a cuidar da Criação de Deus, da "Casa Comum".

Quem está desanimado, com falta de sentido para a vida, com tristeza e desolação, não deve render-se, mas voltar o seu coração e o seu olhar para Deus, para Jesus Cristo, que está esperando de braços abertos para o acolher. A leitura da parábola do Pai Misericordioso, lida com atenção e devoção é de grande ajuda para recuperar a confiança no amor incondicional de Deus: "Levantou-se, pois, e foi ter com seu pai. Estava ainda longe, quando seu pai o viu e, movido de compaixão, correu-lhe ao encontro, o abraçou e o beijou" (Lc 15,20).

CONCLUSÃO

É fundamental, na vida humana sadia, deixar-se envolver pela ternura, pelo amor e pela misericórdia de Deus. "Segurava-os com laços humanos, com laços de amor; fui para eles como o que tira da boca uma rédea, e dei-lhes alimento" (Os 11,4).

Meu desejo com estas páginas foi o de oferecer um material para a leitura orante dos temas desenvolvidos nos nove capítulos. Espero que elas sejam um instrumento para que quem as leia entre em uma relação profunda, simples e de confiança com o Criador. Que a bondade de Deus seja a marca registrada em sua vida. Que aprenda a perceber a presença bondosa de Deus em sua vida, na vida dos outros e em toda a Criação. Que aprenda a se maravilhar ante o amor infinito de Deus e expresse a sua admiração assim como aquela senhora idosa que repetia o "mantra": "Deus é bom. Deus é muito bom. Como Deus é bom!". Que o Espírito divino ajude a acolher o amor gratuito de Deus segundo as palavras do profeta Isaías:

Todos vós que estais sedentos, vinde à nascente das águas; vinde comer, vós que tendes alimento. Vinde comprar trigo sem dinheiro, vinho e leite sem pagar. Por que despender vosso dinheiro naquilo que não alimenta, e o produto de vosso trabalho naquilo que não sacia? Se me ouvis, comereis excelentes manjares, uma suculenta comida fará vossas delícias (Is 55,1-2).

Rezo para que a leitura desse livro desperte no leitor vontade de viver com alegria, criatividade e caridade o espetáculo da vida à luz da Palavra de Deus. Que o processo de integração da vida, a conquista gradativa da liberdade e do autoconhecimento, o conduzam a uma relação positiva com Jesus Cristo e lhe deem coragem de abrir a porta da vida, do coração profundo, quando ele bater e deseja entrar: "Eis que estou à porta e bato; se alguém ouvir minha voz e abrir a porta, entrarei em sua casa e cearei com ele e ele comigo" (Ap 3,20). Que a vida nova em Cristo Ressuscitado o plenifiquem com a alegria pascal e o levem a exultar de alegria e gratidão pelas maravilhas que Deus opera em sua vida e na vida de tantas pessoas. Que a conquista da liberdade interior, que o coração iluminado pela "Luz do Mundo" o ajudem a se tornar mensageiro da paz, da vida e da Boa Nova. Enfim, que Deus lhe conceda a graça de voltar ao "Primeiro Amor" (Ap 2,4). Boa leitura!

Como são belos sobre as montanhas os pés do mensageiro que anuncia a felicidade, que traz as boas-novas e anuncia a libertação, que diz a Sião: "Teu Deus reina!" (Is 52,7).

REFERÊNCIAS BIBLIOGRÁFICAS

BARRY, William. Direção Espiritual e Aconselhamento Pastoral, *Revista de Psicologia Pastoral*, v. 26, n. 1 (1977) 4-6.

BOFF, Leonardo. *A ética da vida*. Rio de Janeiro: Record, 2009.

BROWN, Brenné. *A coragem de ser imperfeito*. Trad. Joel Macedo. Rio de Janeiro: Sextante, 2013.

CABRERA, Sumaia. *Duas vidas, uma escolha*. São Paulo: Academia de Inteligência/Planeta, 2008.

CHAMINE, Shirzad. *Inteligência Positiva*. Trad. Regiane Winarski. Rio de Janeiro: Objetiva, 2013.

CHAPMAN, Gary. *As cinco linguagens do amor*. São Paulo: Mundo Cristão, 1997.

CHOPRA, Deepak; FORD, Debbie; WILLIAMSON, Marianne. *O efeito sombra*. Trad. Alice Klesck. São Paulo: Lua de Papel, 2010.

CLINEBELL, Howard. *Basic Types of Pastoral Care & Counseling: Resources for the Ministry of Healing and Growth*. Nashville: Abingdon Press, 1984.

DWECK, Carol S. *Mindset. A nova psicologia do sucesso.* Trad. S. Duarte. São Paulo: Objetiva, 2017.

ELROD, Hal. *O milagre da manhã.* Trad. Marcelo Schild. Rio de Janeiro: Sextante, 2016.

FRANKL, Viktor. *Em busca de Sentido. Um psicólogo no campo de concentração.* Petrópolis: Vozes, 2021.

GIRAUD, Gaël; PETRINI, Carlo. *Il Gusto di cambiare: la transizione ecologica come via per la felicità*, Bra/ Città del Vaticano: Slow Food Editore/Libreria Ed. Vaticana, 2023.

GOYA, Benito. *Vida espiritual entre Psicologia e Graça.* Trad. Francisco de Figueiredo Moraes. São Paulo: Loyola, 2009.

SANTO INÁCIO, *Exercícios Espirituais de Santo Inácio.* São Paulo: Loyola, 2000.

KELLY, Mathew. *The rhythm of life: Living every day with passion and purpose.* New York: Fireside, 2004.

MARTINI, Carlo Maria. *Verso la Luce. Riflessioni sul Natale.* Cinisello Balsamo: San Paolo, 2013.

MARTINS, Giorgia Sena. *Elementos da Teoria Estruturante do Direito Ambiental.* São Paulo: Almedina, 2018.

MORAES, Renate Jost de. *As chaves do inconsciente.* Rio de Janeiro: Agir, [9]1994.

OLIVEIRA, José Antônio Netto de. Perfeição ou Santidade. *Itaici, Revista de Espiritualidade*, dez. (1994) 5-14.

REFERÊNCIAS BIBLIOGRÁFICAS

PACOT, Simone. *A Evangelização das Profundezas nas dimensões psicológica e espiritual.* Trad. Lair Alves dos Santos. Aparecida: Santuário, 2012.

_____. *Volte à Vida! A Evangelização das Profundezas.* v. II. Trad. Maria Eugênia Nogueira. Aparecida: Santuário, 2007.

PAPA FRANCISCO. *Carta encíclica Fratelli tutti. Sobre a Fraternidade e a Amizade Social.* Cinisello Balsamo: San Paolo, 2020.

_____. *Carta encíclica Laudato Si'. Sobre o cuidado da Casa Comum.* São Paulo: Paulus, 2015.

_____. *Nostra Madre Terra.* Città del Vaticano: Libreria Ed. Vaticana, 2019.

PETRY, Jacob. *Os atrevidos dominam o mundo.* São Paulo: Planeta, 2018.

_____. *O óbvio que ignoramos.* São Paulo: Lua de Papel, 2010.

PICCOLO, Gaetano. *Leggersi dentro. Con il Vangelo di Luca,* Milano: Paoline, 2018.

_____. *Leggersi dentro. Con il Vangelo di Marco,* Milano: Paoline, 2020.

_____. *Leggersi dentro. Con il Vangelo di Matteo.* Milano: Paoline, [7]2020.

POWELL, John. *Por que tenho medo de lhe dizer quem sou?.* Trad. Clara Feldman. Belo Horizonte: Crescer, [29]2012.

RABIE-AZOORY, Vera. *Eles amam você, eles não me amam. A verdade sobre o favoritismo familiar e a rivalidade entre irmãos*. Trad. Cacilda Rainho Ferrante. São Paulo: Paulinas, 2020.

Relatos de um Peregrino Russo. Petrópolis: Vozes, ⁴2013.

SHELTON, Charles. When a Jesuit Counsels others. Some Practical Guidelines. *Studies in the Spirituality of Jesuits*, v. 32, n. 3 (2000).

SHARMA, Robin. *O clube das 5 da manhã*. Trad. Patricia Azeredo. Rio de Janeiro: Best Seller, 2019.

_____. *O líder sem status*. Campinas: Vênus, 2010.